Emprendedores sociales

Emprendedores sociales

Todos podemos cambiar el mundo

Recopilación de entrevistas
y textos de Bill Drayton

Edición y traducción de Albert Figueras

Plataforma
Editorial

Primera edición en esta colección: octubre de 2011

Editor literario: Albert Figueras

Plataforma Editorial
c/ Muntaner, 231, 4–1B – 08021 Barcelona
Tel.: (+34) 93 494 79 99 – Fax: (+34) 93 419 23 14
www.plataformaeditorial.com
info@plataformaeditorial.com

Depósito legal: B. 37.240–2011
ISBN: 978–84–15115–75-5
Printed in Spain – Impreso en España

Diseño de cubierta:
Utopikka
www.utopikka.com

Fotocomposición:
Grafime. Mallorca, 1 – 08014 Barcelona
www.grafime.com

El papel que se ha utilizado para imprimir este libro proviene de explotaciones forestales controladas, donde se respetan los valores ecológicos, sociales y de desarrollo sostenible del bosque.

Impresión:
Romanyà-Valls; Verdaguer, 1 – Capellades (Barcelona)
www.romanyavalls.com

Ashoka nació alrededor del año 304 a.C. y se convirtió en el tercer emperador de la dinastía Mauryan al morir su padre, Bindusara.

En el año 262 a.C., ocho años después de su coronación, los ejércitos de Ashoka atacaron y conquistaron Kalinga, un país que corresponde aproximadamente al actual estado de Odisha, en la costa este de la India. La pérdida de vidas humanas, las represalias, las deportaciones y la confusión que hay después de cualquier contienda horrorizaron tanto a Ashoka, que cambió totalmente su personalidad. Tras la guerra, Ashoka pasó el resto de su vida tratando de aplicar los principios budistas de la administración en su vasto imperio, como la redistribución de la riqueza, la justicia social o la solidaridad. Jugó un papel crucial en la expansión del budismo, tanto en la India como más allá de sus fronteras, y probablemente fue él quien levantó los primeros monumentos budistas de importancia.

Los edictos de Ashoka tienen que ver sobre todo con las reformas que promulgó y los principios morales que recomendó en su intento de crear una sociedad más justa y más humana.

Ashoka murió en el año 232 a.C.; su reinado duró 38 años.

Índice

Prólogo

El emprendedor social, ese gran desconocido... ¿o no?

Hace poco tiempo, muchos de nosotros no teníamos un término que nos identificara y que, a la par, nos ayudara a definir el cambio que estábamos tratando de impulsar. Éramos personas que, sin saber muy bien por qué, decidimos apostar por otras formas de hacer educación, financiación, salud, comunicación, agricultura, integración de colectivos desfavorecidos, denuncia, ocio, empresas sociales, etc. Hoy todo eso parece estar cambiando. Nos denominamos emprendedores sociales y somos personas que estamos convencidas de que otro mundo es posible y de que, entre todos, podemos lograr que ese cambio se produzca. De hecho ya lo estamos consiguiendo.

Emprendedores y emprendedoras sociales han existido siempre. No se trata de una figura nueva que surge de la necesidad imperiosa de salir de la crisis o de la necesidad de potenciar nuevas estrategias con las que reactivar el sistema nacional, e incluso mundial. Lo que sí es mucho más reciente es el reconocimiento y el esfuerzo por potenciar esta figura en España. Prueba de ello es el Premio Príncipe de Asturias a la Cooperación Internacional concedido en 2011 a Bill Drayton, fundador en 1980 de la organización internacional Ashoka. Drayton representa a los casi 3.000 emprendedores sociales que conforman la red global de Ashoka, presente en 70 países.

Celebramos el premio y lo compartimos con otras muchas personas. Lo celebramos porque es un merecido reconocimiento a una larga trayectoria y a una clara y fuerte apuesta por las personas y por el poder que todos y cada uno de nosotros tenemos para hacer de este mundo un mundo inclusivo, de oportunidades y de pasar a la acción. Todos, como bien dice Bill Drayton, podemos cambiar el mundo. Y lo compartimos con todas las personas que nos acompañan desde casa, desde la mesa de al lado, desde nuestras familias, desde nuestros círculos de amistades y, por qué no decirlo, desde espacios opuestos y lejanos en tiempos y formas. Todos ellos nos mantienen firmes en nuestros ideales, proyectos, convicciones y en nuestra firme idea de que otro mundo es posible.

Este reconocimiento trae de nuevo a nuestras mentes con alegría aquella noche del mes de octubre de 2006 en el restaurante Teatriz de Madrid, donde María Zapata, entonces directora de Ashoka en España, invitó públicamente a formar parte de la red global de Ashoka a los cinco primeros emprendedores sociales seleccionados por la organización en España. Fue la primera «hornada», a la que afortunadamente se han ido sumando otras personas. Para aquellos primeros emprendedores todo era nuevo y desconocían el alcance de lo que muy pronto pudieron comprobar y compartir con la sociedad y con otros emprendedores sociales. Año tras año, y hoy ya somos 24 emprendedores en Ashoka en España, la red va creciendo y sumando nuevas personas que, convencidas de que el cambio social es posible, aportan un valor añadido a las actuaciones que llevan a cabo en sus proyectos. Y lo hacen desde la constancia, la determinación y desde la consciencia de que uno se puede equivocar. Apostamos por emprender acciones sociales como vía de cohesión e innovación.

Emprendimientos económicos, «intraemprendimientos» y emprendimientos sociales comparten la búsqueda de soluciones, desde la innovación, para provocar cambios que permitan alcanzar sus objetivos. Lo hacen desde marcos diferentes pero la tenacidad, la asunción de riesgos, el arrojo y la creatividad les identifican a todos como fuentes de transformación y cambio. De ellos, los emprendedores y emprendedoras sociales son los que centran su acción en alcanzar cambios sistémicos que resuelvan necesidades y retos sociales, afectando directamente al origen del problema y generando un importante retorno y valor social.

Tal vez por todo ello, organismos nacionales e internacionales están de acuerdo en afirmar que las acciones sociales emprendidas constituyen en los tiempos que corren una fuente de cambio y desarrollo, así como vías imprescindibles para hacer frente a la crisis actual. Y, efectivamente, emprender nuevos e innovadores proyectos supone buscar alternativas reales que posibiliten reinventar un modelo que actualmente está maltrecho.

Pero no olvidemos, y menos aún confundamos. Si bien pudiera ser cierto que la actual situación de crisis por la que atraviesa nuestro país está descubriendo espacios y situaciones en las que se identifican y ponen de manifiesto carencias que han de ser reactivadas de cara a recuperar la senda del desarrollo económico y social, y que la figura del emprendedor social cobra una renovada importancia, pasando incluso a ser eje fundamental de nuevas estrategias que acometer para hacer frente a esta situación, esta figura no es nueva y tampoco es el «mesías esperado».

El trabajo de los emprendedores y emprendedoras sociales no se enfoca en la resolución de una crisis coyuntural y que debemos salvar para seguir haciendo lo mismo, sino en producir cambios sociales que resuelvan una crisis estructural. Cuando un emprendedor social se enfrenta a un problema o necesidad no trabaja la superficie del mismo ni busca resolver las afecciones últimas del sistema, sino que profundiza en los problemas hasta llegar al origen, al corazón de la causa, y es sobre ésta sobre la que vuelca su trabajo. Resolviendo la causa dejará de generarse el problema y, consecuentemente, se habrá producido el cambio social perseguido.

Llegados a este punto, debemos analizar si estos valores, actitudes, aptitudes y habilidades, que tan en boca de todos están actualmente, son fomentados desde los diversos organismos o estructuras que rigen nuestra sociedad actual y preguntarnos igualmente qué grado de responsabilidad debemos asumir como actores sociales que somos. Por ejemplo, ¿por qué tan sólo un 2% de la juventud española decide emprender? Las respuestas, porque no hay una única, son múltiples y variadas. Cabe por tanto hacer un ejercicio de reflexión por parte de todos nosotros y posibilitar y provocar un cambio radical que:

- fomente el espíritu emprendedor entre la juventud.
- promueva y divulgue la figura del emprendedor social en la sociedad.
- facilite la puesta en marcha de iniciativas emprendedoras.
- impulse la educación emprendedora.
- posibilite alcanzar mejores niveles en materia de innovación.

Los emprendedores sociales somos sólo una parte de la solución de algunos de los grandes desafíos a los que nos enfrentamos. Creemos que únicamente trabajando con otros agentes sociales y construyendo y tejiendo alianzas con personas del sector social, privado, público y académico, lograremos contribuir a solucionar muchos de los problemas e injusticias que se producen a nuestro alrededor. Tales soluciones estructurales deben contar con un gran impacto social que permita su réplica en otros territorios y el «*empoderamiento*» de las personas a las cuales van dirigidos todos los proyectos que ponemos en marcha.

Somos muchas las personas que creemos en esta forma de pensar, de actuar, de hacer y de emprender. Son muchos los años que llevamos trabajando para conseguir un mundo mejor. Serán otras muchas quienes seguirán sumándose a ésta y otras redes de emprendedores sociales. Sí, somos EMPRENDEDORES Y EMPRENDEDORAS SOCIALES, personas co-responsables de nuestro ayer, de nuestro hoy y de nuestro mañana. Sin duda alguna nos encontramos ante una maravillosa oportunidad, no sólo de dar a conocer las acciones emprendidas por muchos de nosotros, sino también de impulsar y promover la figura del emprendedor social como agente de cambio e innovación. De esta manera se fomentará que muchos jóvenes adquieran ese espíritu emprendedor tan necesario en nuestra sociedad.

Enhorabuena a Bill Drayton por este reconocimiento y enhorabuena a todas aquellas personas que de verdad creen que pueden cambiar el mundo.

Los emprendedores sociales de Ashoka España

1. Bill Drayton y el nacimiento de Ashoka

«Mis padres me enseñaron que las personas que hablan alto no tienen nada que decir. He descubierto que, si quieres sugerir grandes cambios de verdad, una manera de ser calmada resulta tranquilizadora.»

Bill Drayton (Nueva York, 1943) es un caballero larguirucho de voz suave, casi susurrante, que suele llevar traje; ahora bien, no hace falta hablar con él en persona para sorprenderse del increíble poder interior que emana. Siempre tiene los ojos radiantes, entusiasmados con la vida, como si contuviesen la infinita curiosidad de un niño. A pesar de ser un erudito, da la impresión de no ser consciente de que es un genio, hasta el punto de que a menudo asume que cualquiera conoce bien el auge y la caída del imperio Maya o las condiciones y los efectos del cartismo como movimiento de reforma social en el Reino Unido; ahora bien, nunca tienes la sensación de que tiene un «discurso de empollón» condescendiente.

Pues bien, este norteamericano introvertido fundó Ashoka cuando tenía 35 años. En realidad, con sólo 20 años, Drayton ya identificó que una manera eficiente de cambiar el mundo era impulsar una organización que localizase a las personas que estuviesen provocando cambios, que las organizase y les ayudara a crecer.

Bill Drayton es presidente y director general de Ashoka: Innovators for the Public. Ahora bien, Bill es, sobre todo, un gran emprendedor social y, como fundador de Ashoka, ha sido pionero en el campo del emprendimiento social (uno de los temas centrales de este libro) y ha logrado desarrollar una asociación con presencia global que incluye cerca de 3.000 emprendedores sociales líderes que trabajan conjuntamente con el fin de crear un mundo en el que todos (emprendedores y ciudadanos) seamos impulsores de cambios, lo que en Ashoka se conoce como *changemaker* (ésta es la segunda idea que desarrollaremos en este libro).

Drayton fue un emprendedor social desde muy joven. Mientras estaba estudiando en la Universidad de Harvard y más tarde como estudiante de Derecho en Yale, impulsó varias organizaciones, como la Yale Legislative Services y la Harvard's Ashoka Table, un foro interdisciplinar semanal sobre ciencias sociales. En 1970 empezó su carrera en McKinsey & Company en Nueva York. Entre 1977 y 1981, Bill Drayton fue *assistant administrator* en la Agencia de Protección Ambiental del gobierno de Estados Unidos durante el mandato del presidente Carter. Años en los que Bill impulsó, entre otras reformas, el comercio de derechos de emisión de gases, que fue la base del Protocolo de Kyoto, el convenio internacional para tratar de prevenir el cambio climático.

Al abandonar su trabajo gubernamental en 1981, trabajó a tiempo parcial en McKinsey & Company, mientras fundaba dos organizaciones: Ashoka y Save EPA (la predecesora de Environmental Safety). Gracias al apoyo económico que recibió cuando fue becado por la fundación MacArthur en 1984, pudo dedicarse totalmente a lanzar y desarrollar Ashoka.

En la actualidad, además de su papel como presidente y director general de Ashoka, Bill Drayton es presidente de Youth Venture, Community Greens y Get America Working.

Tres historias personales que dejaron impronta

Como sucede a menudo con los grandes personajes que han logrado algo fuera de lo común, Bill Drayton tuvo algunas experiencias que, sin duda, influyeron en su filosofía y en el modo en que reacciona frente al mundo y sus problemas, así como ante los cambios incesantes que se producen en él.

En primer lugar, Bill siempre recuerda que su madre emigró desde Australia siendo una joven violoncelista y que su padre era un norteamericano que tampoco tenía miedo a dar un paso hacia lo desconocido. De hecho, su padre fue explorador también desde una edad muy temprana. Las historias de ambas familias están repletas de ejemplos de servicio público y de valores sólidos (por ejemplo, sus antepasados figuran en las filas de los primeros abolicionistas de la esclavitud o dentro de la lista de las primeras mujeres líderes de Estados Unidos).

> –Fui muy afortunado –explica Bill–. Cuando mi padre y mi madre tenían 19 años, ambos «se habían dado permiso a sí mismos» para desarrollar cosas que las personas que les rodeaban pensaban que eran una locura. Reflexionar sobre esta circunstancia fue importante para mí, igual que lo fue el hecho de haber crecido en Nueva York. Una ciudad creada por nuevos inmigrantes que habían ido llegando en oleadas constantes, siglo tras siglo, y donde había una energía única y la creencia del «yo puedo» flotaba en el aire. Una curiosidad –añade tras una pausa–: las personas de Nueva York andan un 15 % más de prisa que el resto de los norteamericanos. Y cualquier visitante puede darse cuenta fácilmente de que la ciudad es un lugar maravillosamente diverso y tolerante. Cada estación de metro es, como mínimo, un país distinto, por no decir un continente distinto. Este tipo de cosas influyen, cuando uno crece en ellas.

Estas influencias familiares, la rica diversidad y apertura frente a la vida de Manhattan, así como la profunda preocupación cultural de América con la equidad, interaccionaron entre sí y con el temperamento de Bill hasta hacer surgir las primeras raíces de Ashoka.

–El segundo factor importante fue el hecho de crecer en la época del movimiento en favor de los Derechos Civiles –sigue explicando Bill–. Lo considero un momento especialmente mágico en el que la «fuerza de la verdad» de Gandhi finalmente permitió a Norteamérica captar y batallar hasta vencer a un demonio que padecía desde hacía siglos. Es decir –aclara–, fue un movimiento *gandhiano* y, en esencia, se fundamentaba en lograr que las personas hicieran introspección y vieran si su conducta era consistente con el hecho de ser una persona éticamente buena.

El tercer factor que fue muy importante para mí, es que empecé a hacer cosas –apunta.

Efectivamente, Bill fue un emprendedor precoz. Cuando era niño, hacía trabajos manuales que vendía en una tienda que había puesto en su dormitorio. Además, no tenía ningún problema para buscarse ayudantes. Cuando tenía 10 años empezó a editar un periódico de una página que pronto se convirtió en una publicación de 64 páginas totalmente realizada por niños de la escuela primaria.

–No puedo describir mi entusiasmo cuando logré el primer ciclostil –explica–. Siempre me ha maravillado el apoyo que me brindaron mis padres: en la casa había 64 montones de páginas ciclostiladas que tenía que compaginar y grapar, y nunca se me ocurrió pensar que podía ser un inconveniente para mi familia.

Una visita a la India cuando Bill tenía 19 años

–Tras unas cuantas lecturas que empezaron a hacerme amar Asia, cuando cumplí 19 años fui a la India mientras estaba en la universidad –explica–. Puesto que conocía el movimiento de los derechos humanos norteamericano que, como he explicado, era un movimiento impregnado del espíritu de Gandhi, cuando llegué a la India fui a visitar a algunos de los líderes que seguían la filosofía de Gandhi. Además, sucedió algo importante: lo que hasta entonces habían sido estadísticas (la diferencia de cien a uno en la renta per cápita media entre Norteamérica y la India, por ejemplo), de repente se convirtieron en la realidad cotidiana de personas que eran amigos míos que vivían en una aldea al norte del país. En ese momento me di cuenta de que era esencial actuar y, teniendo en cuenta la magnitud del problema, tendría que ser algo importante; sin embargo, unos estudiantes de segundo curso de universidad –lo que éramos entonces–, todavía tienen pocas herramientas. Por tanto, era esencial encontrar la vía más influyente para cerrar la brecha norte–sur. Entonces me pregunté: ¿cuál es la fuerza más poderosa del mundo? Y hallé la respuesta: esa fuerza poderosa no es más que una idea en manos de un gran emprendedor.

A medida que la necesidad de actuar le iba presionando, nació la idea de Ashoka y el corazón de Bill Drayton empezó a latir con fuerza.

–Que esto sucediese mientras estaba estudiando en Harvard no fue una simple casualidad. El hecho de formar parte de una cultura fundamentada en las artes liberales me llevó a formularme las preguntas correctas y a sentirme legitimado para cuestionar el *statu quo*. El origen de Ashoka ilustra cómo es posible animar a los estudiantes para que sean proactivos y piensen de manera crítica.

En verano de 1963, Bill Drayton fue testigo de cómo una simple idea puede conllevar un cambio social inmenso. Un sucesor de Gandhi llamado Vinoba Bhave caminaba por la India persuadiendo a personas y a aldeas enteras para «regalarle» legalmente sus tierras a él. Entonces, Bhave redistribuía la tierra de una manera más equitativa para ayudar a los intocables y a otras personas sin tierra, con el fin de romper el círculo vicioso de la pobreza. Drayton acababa de cumplir 20 años y era la época de vacaciones en Harvard, de manera que cuando se enteró, cogió un Volkswagen blanco y rojo y condujo desde Munich hasta la India para unirse a él.

–Mucho antes del alba, empezábamos a andar por los caminitos que separan los campos de arroz bajo la luz de la luna, las estrellas y un par de lámparas de queroseno –explica Drayton–. Cuando el sol salía, desde el horizonte empezaban a llegar miles de aldeanos con sus mejores ropas y, a la hora del té, los terratenientes locales habían cedido voluntariamente sus propiedades a Bhave. Al final de todo, se habían redistribuido de manera pacífica unos tres millones y medio de hectáreas únicamente por la habilidad de un líder para hacer realidad una idea poderosa.

Éste es un modelo de cambio que Bill Drayton denomina *emprendimiento social*, un concepto acuñado para describir a las personas que combinan los métodos pragmáticos y orientados a resultados de un emprendedor del mundo de los negocios con los objetivos de un reformador social. Por tanto, Drayton, al igual que sus héroes Mohandas Gandhi, Thomas Jefferson y Jean Monnet –uno de los padres de la Unión Europea–, es a la vez un erudito y un activista político profundamente arraigado a los cómo y los porqué de la sociedad. Para él, el cambio social no es ninguna apuesta romántica.

–No se trata de poesía; no es como Xanadú[1] –dice–. Hay muchas personas que son creativas y altruistas, pero que nunca serán capaces de cambiar un patrón en todo un continente. Es decir, que la visión de Xanadú está bien, pero no será posible si no existe un sistema de transporte y alcantarillado.

Ésta es la razón por la que Drayton puso a su organización el nombre de otro visionario pragmático: Ashoka, el empe-

1. Nombre que evoca un lugar de opulencia. Se refiere a la ciudad de verano del Imperio Mongol, que Marco Polo tuvo la oportunidad de visitar para poder relatar sus maravillas. S.T. Coleridge la describe en su poema *Kubla Kahn.*

rador indio que en el siglo III a. C. libró una gran batalla para unir una gran parte del sur de Asia, pero finalmente renunció a la violencia, adoptó el budismo y dedicó su imperio a la tolerancia, el crecimiento económico y los proyectos sociales.

> –Antes de 1972 creamos la Jefferson Society, que fue el nombre inicial de Ashoka Society –comenta–, pero, como he explicado, no fue un descubrimiento ni casual ni repentino, sino fruto de todos estos antecedentes.

Y Ashoka creció

Actualmente, treinta años después de su fundación, la red de Ashoka tiene casi 3.000 emprendedores sociales que están desarrollando sus proyectos en 72 países.

Bill Drayton y Ashoka se apoyan en conceptos como los emprendedores sociales o la idea de *Everyone a Changemaker*© («Todos somos *Changemakers*» - impulsores de cambios), que son la base de su éxito. El segundo capítulo de este libro abordará con detalle estos conceptos, que ayudan a comprender qué es Ashoka.

Bill Drayton ha recibido numerosos premios y galardones a lo largo de su carrera. En 1996 fue escogido miembro de la Academia Americana de Artes y Ciencias, en reconocimiento a su liderazgo en servicio público. En 1999, la importante organización de ciudadanos Common Cause le otorgó su Premio al Logro al Servicio Público (Public Service Achievement Award). En 2005, recibió el Premio de la Federación Nacional de Conservación de la Naturaleza (National Wildlife Federation's Conservation Achievement Award)y fue seleccionado como uno de los Mejores Líderes de Norteamérica por parte del US News & World Report y del Centro de Liderazgo Público de Harvard (Harvard's Center for Public Leadership). En el año 2006 le nombraron uno de los 100 «Alumnos más influyentes» de la Universidad de Harvard. En 2007, recibió el Premio al Liderazgo en Emprendimiento Social (Leadership in Social Entrepreneurship Award) otorgado por el Centro para el Progreso del Emprendimiento Social de la Universidad de Duke (Duke University Center for the Advancement of Social Entrepreneurship's (CASE), el Premio de Miembro Honorífico (Honorary Fellow Award) de la Facultad de Derecho de la Universidad de Pennsylvania y el Premio de la Paz de la Fundación Goi Peace. En 2009 fue nombrado Miembro Honorífico (Honorary Fellow) en la facultad de Oxford Balliol y Doctor Honoris Causa en Letras y Humanidades por la Universidad de Yale. En 2010, fue nombrado Doctor Honoris Causa por la Universidad de Nueva York y recibió el Premio Social de Essl (Essl Social Prize) por su trabajo al haber creado y construido el campo del emprendimiento social. En 2011 ha sido nombrado Doctor Honoris Causa por la facultad de Babson y la Universidad Marquette, y se le ha otorgado el Premio Príncipe de Asturias de Cooperación Internacional.

La vida de Bill Drayton es un largo camino para aprender cómo es posible cambiar el sistema y los patrones sociales. Las páginas que siguen contienen las bases de su filosofía y los principios de Ashoka expresados en sus propias palabras.

2. Ashoka

El mundo antes de 1980

Desde el fin del Imperio Romano, la sociedad agrícola producía escasos excedentes, de modo que únicamente una reducida élite de la sociedad podía irse a las ciudades para crear cultura y consciencia histórica. Este patrón siguió vigente desde aquellas épocas remotas: sólo unos cuantos mantenían el monopolio de la iniciativa y el emprendimiento, porque eran los únicos que disponían de herramientas sociales. Éste es el motivo por el que la renta per cápita en occidente se mantuvo constante durante siglos hasta 1700.

Sin embargo, hacia 1700 empezó a desarrollarse en el norte de Europa una estructura nueva y menos rígida: los negocios competitivos de emprendedores, auspiciados por una política más abierta y tolerante. El nuevo modelo empresarial premiaba a las personas que lograsen crear y poner en marcha las mejores ideas, impulsando de este modo un ciclo de innovación emprendedora en expansión continua que conduce a beneficios derivados de la productividad, lo que hace que surjan todavía más emprendedores, haya más innovación exitosa y aumenten los beneficios.

Uno de los resultados de este cambio es que Occidente logró terminar con más de 1.200 años de estancamiento y pronto se alejó del pasado de un modo nunca visto con anterioridad. La renta per cápita media ascendió un 20 % en el siglo XVIII, un 200 % en el siglo XIX y un 740 % durante el siglo pasado.

Los datos que aparecen en la Figura 1 son conocidos, pero no por ello dejan de ser menos asombrosos. Es profundamente preocupante que la mitad de la población mundial tenga menos del 5 % de la renta mundial. Esto ni es justo, ni sostenible, ni seguro. Pero es la realidad, y esta realidad es precisamente donde empieza la idea de Ashoka.

Figura 1. ¿Es justo que el 50 % más pobre tenga el 5 % de la riqueza mundial?

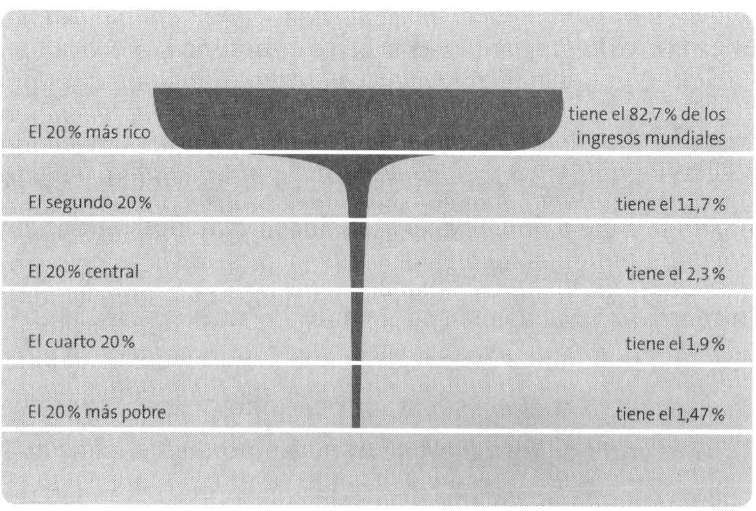

Treinta años atrás, Ashoka: Innovators for the Public fue fundada precisamente para ayudar a reducir estas desigualdades, a través del apoyo e impulso a emprendedores sociales innovadores.

La aparición de los primeros emprendedores sociales

La prensa ha dado cuenta de las guerras y demás locuras, pero prácticamente no se ha hecho eco de otro aspecto: durante los últimos 300 años ha tenido lugar una profunda innovación en la manera en que las personas se organizan; ésta ha sido una fuerza distinta, decisiva e histórica.

Desgraciadamente, la mitad social de la sociedad no ha participado en el crecimiento de la productividad. Como era fácil construir las escuelas y canalizar las aguas gravando la nueva riqueza generada por la mitad empresarial, el sector social no tuvo ninguna necesidad de ir más allá de la estructura monopolística y burocrática de los siglos anteriores. Por tanto, se fue abriendo una brecha de dependencia entre la mitad social y la mitad empresarial de la sociedad, y esa mitad social se quedaba más y más atrás en términos de productividad, salarios, reputación y espíritu. Hasta 1980 la transformación que hemos comentado dejaba de lado a la mitad social mundial. No había necesidad de cambio. Además, ningún monopolio público o privado acepta de buen grado la competencia, porque es muy probable que pierda. Así pues, el sector social no ha sentido demasiado la necesidad de cambiar y tenía un pagador que le desalentaba activamente. De ahí surge la tragedia del sector social: un desempeño limitado que iba empeorando a marchas forzadas, con la consiguiente baja reputación, precariedad de los sueldos, y autoestima e ímpetu bajos.

Es decir, que mientras el sector empresarial disfrutaba de un progreso espectacular, el sector ciudadano languidecía.

La mitad «social» del mundo

En el siglo XIX, esta brecha empezó a ser cada vez más intolerable, y condujo a la aparición de los primeros emprendedores sociales como Florence Nightingale[1] y William Lloyd Garrison.[2] En realidad, ellos no fueron más que islas en el vasto océano, pero estas semillas iniciales crecieron y se multiplicaron durante el siglo XX hasta que alcanzaron un punto sin retorno durante los últimos treinta años. Fue a comienzos de la década de 1980 cuando el hielo empezó a resquebrajarse y el sector social en bloque dio el salto estructural hacia esta nueva arquitectura emprendedora y competitiva. Una vez roto el hielo, el cambio llegó rápido; además, sucedió más o menos en todo el mundo, con excepción de aquellas áreas en las que los gobiernos tuvieron miedo de dejar que ocurriera.

1. Florence Nightingale (1820-1910) fue una enfermera inglesa conocida por su trabajo pionero en esta profesión durante la guerra de Crimea. Le llamaban «La Señorita de la Lámpara» a causa de su hábito de hacer rondas nocturnas. Más tarde puso las bases para la fundación de la enfermería profesional y abrió la primera escuela laica de enfermería del mundo.

2. William Lloyd Garrison (1805-1879) fue un abolicionista, periodista y reformador social norteamericano, conocido sobre todo por ser uno de los fundadores de la Sociedad Americana para la Abolición de la Esclavitud.

Hacia 1980, el desequilibrio entre el sector empresarial y el social se había vuelto intolerable; para entendernos, teníamos televisores enormes, pero una enseñanza horrorosa. Por todas partes aparecían nuevas oportunidades (excepto allí donde los gobiernos se interponían), y el sector ciudadano se reestructuró hasta convertirse en emprendedor y competitivo.

Desde entonces, el sector ciudadano ha ido creando empleos a un ritmo tres veces más rápido que otros empleadores en los países de la Organización para el Desarrollo y la Cooperación Económica (OCDE). En Brasil, por ejemplo, el número de organizaciones del sector ciudadano creció desde 36.000 hasta casi un millón en los últimos 20 años. En Estados Unidos, crecieron en un 300 % desde 1982. Actualmente, millones de estos grupos atraen a personas con talento que buscan un trabajo exigente y lucrativo, pero que sea, a la vez, consistente con sus valores y objetivos personales.

Recientemente se ha producido un cambio histórico, profundo, y ha sucedido con tanta rapidez que las percepciones sobre el emprendimiento social apenas están empezando a llegar. Y, como comentábamos antes, la mitad «social» del mundo (salud, medio ambiente, derechos humanos, educación, etc.), en poco más de dos décadas y media, se ha vuelto un sector tan emprendedor y competitivo como el sector empresarial.

Como resultado de este cambio, el sector ciudadano está cerrando rápidamente la brecha de productividad y el campo se expande muy de prisa. Este proceso está afectando al entorno estratégico de la empresa, el gobierno y las universidades, al tiempo que surgen buenas oportunidades de trabajo para todos: estudiantes, donantes, alumnos, etc.

El sector ciudadano

Ashoka utiliza el término «sector ciudadano» para definir los tres millones de grupos establecidos por todo el mundo y liderados por personas con una misión: tratar de solucionar las necesidades sociales.

La colaboración entre las empresas y los emprendedores sociales puede crear y expandir mercados en proporciones no vistas desde la Revolución Empresarial. Estos mercados llegarán a todos, pero especialmente a los 4.000 millones de personas que todavía no forman parte de la economía formal del mundo. Ofrecerán productos y servicios nuevos e importantes en sectores tan diversos como la educación, el transporte y las finanzas.

Durante mucho tiempo, se ha considerado que el sector ciudadano es ineficiente y que tiene poco personal, pero esto ha cambiado. Ashoka trabaja con 3.000 emprendedores sociales y durante las últimas tres décadas han visto cómo el sector ciudadano ha alcanzado al sector empresarial porque ha aumentado su productividad, su tamaño y su alcance. Sus organizaciones están atrayendo a líderes creativos con talento y su trabajo está cambiando las reglas del juego en industrias de importancia y en áreas como la energía o la salud.

Hoy en día, las organizaciones con fines lucrativos tienen la oportunidad de colaborar con organizaciones del sector ciudadano para enfrentarse y resolver problemas a gran escala que ninguno de los dos ha sido capaz de solucionar por separado. El poder de este tipo de alianzas radica en la fortaleza complementaria de los participantes: la industria ofrece trabajo a escala, experiencia en fabricación y operaciones, y financiación. Los emprendedores sociales y las organizaciones contribuyen a reducir costes, tienen redes sociales potentes y buena penetración en comunidades y grupos de ciudadanos, potenciales clientes.

Sin embargo, para trabajar conjuntamente de manera eficaz, tienen que centrarse en crear un verdadero valor económico y social. Ashoka cree que es posible hacerlo constituyendo lo que llaman las cadenas híbridas de valor, que sacan provecho de las fortalezas complementarias para incrementar los beneficios y reducir los costes. Hoy en día es posible encontrar cadenas híbridas en muchas industrias de todo el mundo. La colaboración entre las industrias y las organizaciones del sector ciudadano ha alcanzado un punto sin retorno: se está convirtiendo en un proceso operativo estándar.

A medida que los recursos fluyen hacia el sector ciudadano, éste crece de manera explosiva. Hay millones de grupos ciudadanos modernos y competentes (incluyendo organizaciones de segunda generación) en cada una de las cuatro áreas principales donde el sector emergió con más fuerza: América del Sur (especialmente Brasil), México / Estados

Unidos / Canadá y el Sur y Sudeste Asiático, aunque también está avanzando en forma de grupos menores en África, Oriente Medio, Este de Asia y Australia / Nueva Zelanda. Naturalmente, esta circunstancia ha alterado de manera espectacular el ímpetu y la atracción hacia este sector. Es aquí donde se encuentra el crecimiento del empleo, por no mencionar las oportunidades más desafiantes, con valores profundos e incluso bien pagados. Basta con escuchar a los estudiantes de cualquier escuela de «negocios».

Ahora bien, sea cual sea el poder de esta dinámica, se requieren otros cambios para que la sociedad navegue con éxito durante esta transición:

- En un mundo en el que el cambio es omnipresente y se acelera con rapidez, las personas deben convertirse en *changemakers* para poder participar.
- Aunque es normal que áreas de apoyo, como el sector financiero, vayan por detrás del cambio de otras áreas operativas a las que sirven, actualmente el sector ciudadano emergente se encuentra en riesgo a no ser que sea capaz de generar cambios estructurales importantes para mejorar su umbral de rentabilidad, tanto en su sector financiero institucional como en las fuentes de apoyo de base.

El sector ciudadano está avanzando rápidamente tanto en complejidad como en el aspecto numérico. A medida que el número de grupos ciudadanos se multiplica en una zona, cada vez están más interconectados y se vuelven más competitivos.

Una medida del grado de complejidad que desarrolla una zona es el número de organizaciones de segunda y tercera generación grandes, maduras y cualificadas que van apareciendo. Una figura clave en todo el proceso que acabamos de describir son los emprendedores sociales.

¿Qué es Ashoka?

Ashoka: Innovators for the Public es la mayor asociación de emprendedores sociales del mundo, e incluye a hombres y mujeres con soluciones para cambiar el sistema ante los problemas sociales más urgentes. Desde su fundación, Ashoka ha proporcionado financiación inicial, servicios de apoyo profesional y conexión a su red global de casi 3.000 emprendedores. Actualmente, Ashoka es el hogar profesional de todos los emprendedores y, además, es una plataforma para apoyar el crecimiento de una red global de personas dedicadas a cambiar el mundo.

Ashoka visualiza un mundo en el que muchas más personas puedan tener libertad, confianza en su capacidad y apoyo para lograr hacer algo que marque la diferencia, lo que llamamos un mundo en el que «Todos somos *Changemakers*»©.

Las premisas para lograrlo son:

- ***Seleccionar y dar apoyo a las personas que son modelo del cambio social.*** Ashoka elige líderes sociales y los selecciona como «Emprendedores Sociales Ashoka»; a ellos les proporciona una remuneración durante tres años con la finalidad de que consoliden y extiendan su innovación social. Estos emprendedores sirven de modelos para la sociedad; es decir, son líderes accesibles y empáticos que contribuyen a que otros lleven a cabo iniciativas sociales, de modo que inician un ciclo que constantemente cultiva generaciones de *changemakers* locales.

- ***Construir comunidades de emprendedores sociales***. Ashoka une a los distintos emprendedores sociales en una comunidad dinámica que crea sinergias transversales que son mucho más potentes que las partes por separado. Los esfuerzos combinados de estos emprendedores permiten explorar distintos métodos para hallar soluciones sistémicas a retos globales. Ashoka comparte estos principios con un colectivo amplio de *changemakers,* sembrando de innovación sus programas globales.
- ***Apoyo global al cambio social.*** Asegurando la sinergia entre la red de emprendedores sociales, constantemente en expansión, y los sectores empresarial, social y ciudadano, Ashoka es capaz de identificar, expandir y llevar a escala principios únicos que impulsan un avance y una transformación histórica de un campo de acción determinado, en todo el mundo.

El emprendedor social

Ya hemos comentado que la labor del emprendedor social consiste en reconocer qué es lo que no funciona en la sociedad y solucionar el problema cambiando el sistema, propagando las soluciones y persuadiendo a las sociedades para que asuman nuevos retos.

> «Los emprendedores sociales no se contentan sólo con dar un pescado o enseñar a pescar. No descansarán hasta que hayan revolucionado la industria pesquera.»

Identificar y solventar problemas sociales a gran escala requiere la participación de los emprendedores sociales porque sólo los emprendedores tienen la visión comprometida y la determinación inagotable para perseverar hasta que hayan transformado totalmente un sistema.

Ashoka apoya económica, técnica y profesionalmente a Emprendedores Sociales líderes. Para maximizar el impacto de su apoyo, Ashoka identifica a los miembros de su red, basada en una serie de criterios que ayudan a predecir el éxito potencial de los mismos. A continuación resumimos estos indicadores o criterios de selección.

Calidad emprendedora

Puesto que la calidad emprendedora es el quid de la cuestión, hablemos un poco de ella. Una vez más, estas personas tienen una fuerza interior que les impulsa a cambiar toda la sociedad. Normalmente, el emprendedor desarrolla intuitivamente un área de interés (por ejemplo, la salud) y comienza la larga búsqueda de una idea para acabar con un problema en esa área, y con la que logrará dejar su impronta en la historia.

Ashoka, en su proceso de selección de Emprendedores Sociales miembros de su red internacional, hace entrevistas en profundidad a cada candidato. Después de tantos años de experiencia, no hay riesgo al generalizar sobre el hecho de que los emprendedores exitosos tienen una especie de brújula interior que les guía.

Estos emprendedores estudian a fondo su campo de acción (la gente, las instituciones, la tecnología, la antropología). Después de haber cultivado este conocimiento profundo, y de experimentar con potenciales alternativas y desarrollar diferentes ideas, es posible que den con aquella que suponga realmente el futuro en este campo. Los emprendedores también tienen que haber aprendido cómo provocar un cambio social estructural importante.

Cuando los emprendedores han alcanzado este momento mágico de sus vidas, todos ellos quieren perseguir su idea. Éste es el punto en el que Ashoka aparece por primera vez para apoyarlos, un momento en el que un poco de ayuda significa todo un mundo. Cuando alguien entiende que, para el emprendedor, cambiar la sociedad es lo principal, resulta fácil descubrir al emprendedor, incluso antes de que haya dejado su marca en la historia. Los emprendedores están comprometidos con su visión y están unidos a ella durante décadas si es necesario.

Además, los verdaderos emprendedores también están centrados en responder a preguntas del tipo: «¿Cómo?». Se preguntan a sí mismos: «¿Qué tengo que hacer desde ahora hasta alcanzar mi objetivo dentro de quince años? «¿Cómo lograré que las piezas encajen? ¿Cómo solucionaré este problema y el siguiente?».

De este modo, cada emprendedor anima a muchos otros a cuidar del bienestar de la sociedad y a abogar por los cambios que creen necesarios. La multiplicación de esta acción eficaz es, naturalmente, la esencia de la revolución democrática.

El trabajo de cada uno de los emprendedores sociales de Ashoka proporciona una base poderosa, puesto que van empujando su visión y la compleja realidad del mundo para lograr esos cambios importantes. Durante los últimos siete años, Ashoka ha medido el impacto que los emprendedores sociales seleccionados por Ashoka han tenido después de cinco años de haber sido seleccionados. En ese tiempo, un 90 % ha visto cómo instituciones independientes copiaban su innovación y más de la mitad han cambiado políticas nacionales (algo especialmente impresionante, puesto que muchas no requieren un cambio de política para tener éxito).

En resumen, el emprendedor:

1. Debe tener creatividad para establecer objetivos y resolver problemas. La innovación es uno de los puntos clave.
2. Debe mostrar calidad de emprendedor, lo que no significa sólo tener capacidad de liderazgo, saber administrar, o saber cómo hacer las cosas. Eso lo saben hacer millones de personas. El emprendedor posee una fuerza motriz interna que hace que esté emocionalmente comprometido a cambiar la sociedad; el resto viene solo. Muchos artistas

y estudiosos, por ejemplo, descansan cuando consiguen expresar su idea; muchos gerentes se relajan cuando solucionan el problema de su empresa. Pero el emprendedor, literalmente, no puede detenerse hasta que no ha logrado cambiar la sociedad.

3. La última cualidad esencial para tener éxito como emprendedor social es la *fibra ética.* Las personas no realizarán cambios significativos en sus vidas si no confían en la persona que les pide que lo hagan.

   La fibra ética requiere una reflexión especial. Una pregunta clave en relación con este punto puede ser: «¿Se trata de una buena persona en quien confiarías de manera instintiva? ¿Dejarías que se encargase de tu dinero o que cuidase de tus hijos?». La pregunta es relevante porque un cambio social importante suele requerir confianza y fe por parte de quienes tienen que cambiar; además, ya existen bastantes líderes públicos poco fiables en el mundo. Para ello, también es importante poder crear una atmósfera de confianza entre los profesionales para darles una sensación de comunidad.

La competitividad de los emprendedores sociales

Si levantamos un poco la vista para mirar hacia el futuro, veremos que algunos de los actuales estudiantes serán emprendedores. ¿Qué panorama encontrarán?

En realidad, todos ellos se verán profundamente afectados por la transformación emprendedora y competitiva de la mitad ciudadana de la sociedad. Y también se verán afectados las empresas, los gobiernos, las universidades, los estudiosos y los periodistas que deben comprender e interpretar las fuerzas que tienen un papel en la sociedad.

La fuerza integradora más poderosa, que está empezando a hacerse visible en este momento, será la competitividad entre los emprendedores sociales, porque su campo se mueve rápidamente en el escenario global.

Puesto que los emprendedores atacan los problemas que no pueden resolverse sin soluciones que sean, en parte, globales, su primer éxito será copiado rápidamente, y los competidores inmediatamente estarán buscando el paso siguiente. Esta misma competitividad entre emprendedores conducirá a la reintegración de la mitad empresarial de la sociedad con la mitad social, recuperando así la unidad perdida hace tres siglos. A medida que ambos sectores se vayan acercando, los dos grupos de emprendedores empezarán a buscar colaboraciones ventajosas para ambos.

La innovación: una característica fundamental del emprendedor social de Ashoka

En lugar de intentar definir la calidad de manera abstracta, Ashoka ha dirigido la atención del mundo hacia lo que entiende que es el indicador de calidad más importante: la innovación.

La innovación tiene dos componentes: la propuesta de hacer algo de una manera nueva, y el innovador que hará que se haga realidad. Estas dos partes de la ecuación son completamente interdependientes. En realidad, Ashoka ha demostrado que la relación entre el emprendedor social y su nueva idea es tan próxima en el momento inicial de su desarrollo que casi parecen superponerse. La idea requiere un compromiso total de la mente, el cuerpo y el alma. Y el emprendedor requiere una idea que sea sencilla, elegante, irresistible, flexible y versátil, aunque siempre guiada por principios y valores básicos.

¿Qué es una idea nueva para Ashoka?

La expresión «idea nueva» es una forma abreviada de una definición más elaborada sobre el tipo de idea que Ashoka busca:

> «Una idea nueva, replicable para cambiar el patrón con el que la sociedad maneja un área importante de las necesidades humanas a escala nacional».

Por tanto, lo primero es que el candidato a emprendedor social de Ashoka debe tener una idea central. Cuando Ashoka habla de ideas, no se refiere a pensamientos que nunca se hayan pronunciado con anterioridad (algo que, naturalmente, sería imposible de comprobar o de justificar); tampoco quiere decir ideas, nociones, teorías o críticas que alguien pueda tener en la cabeza, por más brillantes que sean.

Para Ashoka, una idea es una *propuesta completa y bien formulada para lograr una acción concreta*. Esta propuesta debe ser completa y bien formulada en el sentido de que haya evolucionado desde una mera noción de lo que podría funcionar, porque ha llegado a probarse. Además, se ha reflexionado sobre las implicaciones sociales, económicas y políticas; esta reflexión más profunda sugiere que la idea es factible, aplicable.

No todas las ideas surgen igual. Ashoka está interesada en apoyar a los emprendedores con ideas que tienen tres características: son nuevas, modifican patrones y son escalables.

Una idea nueva es aquella suficientemente distinta de lo que ya se está haciendo en el ámbito en cuestión, hasta el punto de representar una innovación notable. Ashoka espera que el núcleo de la propuesta sea original de acuerdo con la experiencia del candidato y que sea el resultado de una reflexión profunda sobre la naturaleza del problema y su solución.

Además, debe ser auténtica. Es importante comprender cómo el candidato a emprendedor social de Ashoka llegó a ella y cómo surgió en su vida. Ashoka ha descubierto que los emprendedores sociales con el compromiso, la perspicacia y la resiliencia requeridos para darse cuenta de una idea realmente nueva, tienen una conexión personal con su idea que va más allá del mero interés profesional. Crear una innovación social importante es un trabajo largo, difícil y frustrante; para lograrlo, el emprendedor social debe tener razones convincentes para perseverar.

La idea nueva debe «cambiar patrones». Éste es un concepto crucial, y por este motivo forma parte de la definición de emprendedor social propuesta por Ashoka. La sociedad es el resultado de un conjunto complejo de conductas, motivaciones, fuerzas económicas y políticas, y creencias culturales. Cualquier «problema» social es el producto de cómo estas fuerzas se relacionan entre sí (es decir, de un «patrón»). La idea nueva debe ser capaz de cambiar alguno de esos patrones, bien sea transformando la manera en que la sociedad percibe un determinado asunto, cambiando las creencias que hay alrededor de esta cuestión o estableciendo nuevos objetivos.

Finalmente, la idea nueva debe ser aplicable. Si el objetivo de esta idea es el de cambiar patrones, el emprendedor debe tener algún mecanismo para que su impacto vaya más allá del esfuerzo de una sola persona, del trabajo de una sola organización o de alguna oportunidad aislada que surja (por ejemplo, debido a un cambio de gobierno). La idea debe ser escalable –en otras palabras, debe lograrse que se extienda, que se repita y se adapte.

Las ideas son el alma de los emprendedores sociales. Son lo que les permite llegar a producir el cambio deseado. Entonces, ¿te imaginas un mundo en el que todos fuésemos impulsores de cambios –*changemakers*–? Pues éste es uno de los objetivos últimos del emprendimiento social y de Ashoka.

Todos somos *Changemakers*©

El mundo está entrando en un período corto y extraordinario en el que las sociedades de unos pocos participantes influyentes, con poder, que han caracterizado los últimos 1.200 años, rápidamente se convertirán en lo que llamamos un mundo en el que «*Todos somos Changemakers*»©. El objetivo central de la comunidad Ashoka consiste en ayudar a que el mundo llegue a este punto de la manera más rápida e inteligente posible.

Para poder materializar la visión de Ashoka de «*Todos somos Changemakers*»©, Ashoka trabaja para crear las condiciones donde todas las personas tengan la suficiente libertad y seguridad y desarrollen determinadas habilidades que les ayuden a convertir los retos en soluciones. Una sociedad formada por este tipo de personas evolucionará y se adaptará más rápidamente y de un modo más seguro al ritmo de cambios actuales.

Ashoka, consciente de que el cambio de mentalidad hacia una sociedad de miembros *changemakers* es una apuesta a largo plazo, está enfocada a trabajar con la infancia y la juventud, para que desarrollen la confianza y las habilidades subyacentes de cualquier impulsor de transformaciones: la empatía, el trabajo en equipo, la capacidad de liderazgo y la capacidad de gestión de cambios.

Transformar a los jóvenes

La sociedad se está dando cuenta de que es esencial asegurar que todos los jóvenes y adolescentes tienen la posibilidad –incluso, se les alienta– de tener poder y seguridad en sí mismos. En otras palabras, de ser *changemakers* a los 12, los 14 o los 17 años.

El hecho de que una sociedad logre este avance es esencial si queremos aumentar la proporción de impulsores de cambio (*changemakers*) entre su población adulta, algo que, como se comentaba anteriormente, resulta un factor imprescindible para su éxito futuro.

Con el fin de contribuir a esta transformación, Ashoka ha lanzado el movimiento Youth Venture (Jóvenes *Changemakers*), que actualmente se está extendiendo con rapidez por todo el mundo, al tiempo que está estableciendo una poderosa red de alianzas que incluye, en Estados Unidos, desde un creciente número de oficinas locales de United Way,[3] a la cadena de televisión MTV, y desde Starbucks a Staples. Ashoka espera poder ver pronto cómo centenares de miles de jóvenes se responsabilizan de los cambios que desearían ver en la sociedad y cada año lanzan para ello sus propios proyectos. Nuestro objetivo es lograr una masa crítica de jóvenes que despunten con esta nueva cultura de cambio. Cuando cualquier país haya alcanzado este punto donde un número significativo de la población sea impulsor de cambios, no habrá marcha atrás.

Los jóvenes son aún el último colectivo en el mundo al que la sociedad aún trata del modo en que acostumbraba a

3. United Way es una organización sin ánimo de lucro norteamericana que cuenta con más de 1.300 oficinas locales. Entre sus objetivos figura mejorar la educación y luchar contra el fracaso escolar.

tratar a las mujeres, los ancianos, las personas con discapacidad, a los afroamericanos o a las personas de las colonias hace mucho tiempo. La sociedad les dice: «Nos hacemos cargo de todo (de la clase, del lugar de trabajo, de las actividades extracurriculares donde todavía existan y del deporte) y no creemos que vosotros, los jóvenes, seáis ni muy competentes ni muy responsables».

Con este mensaje que el mundo adulto traslada a su juventud, le resta responsabilidad y capacidad de respuesta propia. Al llegar a los 20 años, los jóvenes no han trabajado en equipo, no han liderado iniciativas propias, y en el mundo laboral se les pide precisamente algo que no se les ha dado la oportunidad de desarrollar cuando eran jóvenes. Se sienten impotentes.

Por otro lado, los jóvenes de hoy, salvo algunas experiencias puntuales de voluntariado o servicio comunitario, tienen pocas oportunidades de ponerse en la piel de otros, de desarrollar la *empatía*. Ashoka, consciente del valor que la empatía juega en el desarrollo de personas *changemakers,* está dirigiendo buena parte de sus esfuerzos a demostrar la importancia (y la facilidad) de asegurar que todos los niños lleguen a dominar la empatía.

El emprendimiento colaborativo de Ashoka y su aplicación en el campo de la juventud

Hay más de 400 emprendedores sociales de Ashoka cuyo objetivo principal es lograr que la sociedad haga un trabajo mucho mejor para ayudar a todos los niños y jóvenes a crecer satisfactoriamente. Cada uno de estos emprendedores sociales de Ashoka parte de una propuesta social, potente y de eficacia demostrada. Sin embargo, en muchos casos estos proyectos aún ofrecen respuestas parciales al problema global. Se han construido a partir de un principio o de una idea, y se ponen en marcha en mercados limitados o se extienden a través de un único sistema de implantación, por ejemplo, y se dirigen a uno o dos tipos de grupos objetivo de jóvenes específicos.

Ashoka, para ayudar a construir respuestas globales en determinados sectores donde se están desarrollando un número importante de soluciones parciales, pone en marcha un proceso de emprendimiento colaborativo. Así, Ashoka sintetiza los diferentes aprendizajes y elementos tan poderosos del trabajo individual de sus emprendedores sociales y extrae los principios universales que permiten abrir oportunidades estratégicas nuevas e importantes para quienes toman decisiones en un campo de acción determinado (en este caso, los que gestionan las escuelas y los programas de la juventud), y a continuación presenta y disemina estos principios. En efecto, estas colaboraciones entre emprendedores de Ashoka proporcionan a la comunidad la capacidad de emprender colectivamente, un avance que produce un impacto mucho mayor del que podría alcanzar cualquiera de nuestros emprendedores por separado.

Por ejemplo, analizando a los más de 400 emprendedores sociales de Ashoka enfocados en la juventud, más de dos terceras partes de ellos han llegado a los mismos tres principios:

1. Los jóvenes son un gran recurso humano disponible (a veces, el único): teniendo en cuenta que los emprendedores sociales requieren de recursos humanos para poner en marcha su visión, y sabiendo que no es realista pensar en poder disponer de más profesores para ayudarles, involucran a los propios jóvenes.
2. La asunción nada convencional de que los jóvenes son o pueden ser competentes.
3. Las instituciones que trabajan con jóvenes deben cambiar: por ejemplo, las escuelas deben transformarse hasta ser competentes para poder iniciar, organizar y, luego, formar y recompensar a sus jóvenes en estas habilidades.

Después de aplicar estos tres principios en cientos de formas distintas y en todo el mundo, se han observado unos resultados bastante similares y muy valiosos: estudiantes motivados; mejores resultados académicos y jóvenes que han experimentado el hecho de hacerse cargo de algo. Además, desde el momento en que uno entra en estos centros percibe una sensación muy distinta.

Si los jóvenes no crecen sintiéndose seguros, impulsando cambios y practicando las tres habilidades interrelacionadas necesarias para ser un *changemaker* (empatía, trabajo en equipo y liderazgo), llegarán a la edad adulta con una definición de sí mismos que no incluirá el *changemaking* y con unas habilidades sociales que lo impedirán. Del mismo modo que la persona tiene que desarrollar unas bases emocionales sólidas durante los tres primeros años para no sufrir durante toda la vida, los jóvenes, durante la juventud, deben adquirir conocimientos sobre estas habilidades sociales y practicarlas, junto con el arte de adquirir seguridad en y con la sociedad.

Además, la experiencia de Ashoka es que cada uno de estos jóvenes emprendedores animará a un promedio de otros 25 jóvenes para trabajar con ellos en sus iniciativas. Todos practican la empatía y el trabajo en equipo, además de ir adquiriendo la idea de que ellos –también– pueden empezar cosas. Cuando una escuela o una comunidad logra tener entre tres y cinco equipos de jóvenes de este tipo (grupos de iguales) que tienen éxito, hay bastantes probabilidades de que los jóvenes de ese lugar pasen de ser un grupo pasivo o resentido con pocas de las habilidades sociales importantes, para el buen desempeño en la vida, a ser un grupo dinámico, involucrado y con estos conocimientos.

Adicionalmente hay otros dos principios clave que Ashoka ha identificado a partir del trabajo de estos más de 400 emprendedores sociales que trabajan especialmente con niños y jóvenes. Ambos son prerrequisitos esenciales si se quiere que ésta o las generaciones futuras de jóvenes multipliquen la proporción de personas capaces de ser *changemakers*. Estos principios son:

- **La empatía es fácil de desarrollar**: en la actualidad, se calcula que una tercera parte de los niños de todo el mundo no dominan bien la empatía y, en consecuencia, se verán inexorablemente marginados con independencia de las habilidades técnicas que lleguen a adquirir. Los emprendedores sociales de Ashoka han demostrado cómo es posible ayudar a los niños a captar el concepto de empatía y utilizarla en tan sólo ocho horas.

- **La noción de *changemaker* se desarrolla durante la adolescencia temprana:** a los 12 años, las personas pasan repentinamente de niños a jóvenes. Están totalmente preparadas para: 1) tener una idea sobre cómo contribuir a su escuela o su comunidad (por ejemplo, mediante un servicio de tutorías, organizando una emisora de radio virtual o coordinando una línea telefónica confidencial de atención de adolescente a adolescente por las tardes); 2) crear y liderar un equipo, y 3) al final, mirar atrás y darse cuenta de que han cambiado el mundo (por ejemplo, que el servicio de tutorías que habían imaginado ha llegado a integrarse en la escuela). En este momento, saben de manera irrefutable que son *changemakers*, que dominan la empatía, el trabajo en equipo y el liderazgo, y que serán personas comprometidas a lo largo de sus vidas.

Ashoka Jóvenes Changemakers (*Youth Venture*)

Convencidos de que para llegar a una sociedad de *changemakers* es necesario invertir en el desarrollo de la infancia y la juventud, y conscientes de la necesidad de acelerar este impulso, Ashoka, junto con un grupo de emprendedores sociales que trabajan con jóvenes, y que han logrado liderar, extender y sobresalir en este campo, ha creado una organización independiente pero muy cercana: Youth Venture (Jóvenes *Changemakers*).

¿Cómo lanzar y construir un movimiento así?

Ashoka, Youth Venture y sus socios están siguiendo una estrategia que ejercita el poderosísimo juego de palancas del jiu-jitsu,[4] unas palancas que funcionan en cuatro niveles que se refuerzan entre sí y que se ven resumidos en la Tabla 1.

Cada uno de estos cuatro niveles expresados en la tabla requiere de los demás. Sin embargo, no encajarán de inmediato entre sí ni en la sociedad. Esto dificulta mucho más la labor a la que se enfrentan los pioneros que, en realidad, será mucho más ardua de lo que resultará para sus sucesores. El proceso requiere planificación por etapas y una estrategia determinada de antemano. El reto principal consiste en seguir las distintas etapas precisamente allá donde las sinergias entre los cuatro niveles se den mejor y se convierta en un proceso que se multiplique por sí mismo. Ashoka/Youth Venture, al reconocer que éste es el quid de la cuestión, ha ido experimentando con una docena de maneras distintas de abordar el tema y está obteniendo cada vez mayor adherencia. Algunos ejemplos son:

- Colaboración con organizaciones nacionales con muchas secciones (como las Girl Scouts) o amplia distribución (como Youth Services America).

4. El jiu-jitsu es un arte marcial originario de Japón. Esta palabra significa «el arte suave» o «el arte de la flexibilidad», y se denomina así porque utiliza el equilibrio y el concepto de palanca para ir ganando posiciones, en lugar de la fuerza y la potencia.

Tabla 1. La teoría del cambio: cuatro niveles de palanca del jiu–jitsu

Acciones	Impactos
En cualquier escuela, comunidad o país, cada año un 1 % de los jóvenes tiene un sueño y crea una iniciativa duradera.	Apoyándolos, estos jóvenes emprendedores se convierten en líderes durante el resto de sus vidas. Conocen las habilidades esenciales (empatía, trabajo en equipo y liderazgo).
Cada iniciativa involucra a un equipo (normalmente, entre 3 y 5 personas en el núcleo principal, además de otras 20 que apoyan, entrenan, participan, etc.).	Todos aprenden qué significa el trabajo en equipo, que pueden liderar y cómo hacerlo. Esto, a su vez, multiplica la proporción de «líderes naturales» de la siguiente generación.
Si, en un primer momento, un 1 % de los jóvenes de cada escuela o comunidad decide impulsar una iniciativa con un promedio de 25 participantes, en los siguientes dos años, el 20 % o 25 % de toda la institución se verá involucrado, y probablemente conseguirá despuntar y transformar la cultura de los jóvenes.	A medida que los emprendedores del grupo reclutan a otras personas y presentan y diseminan su trabajo, pueden poner en evidencia la nueva cultura juvenil en esa escuela o comunidad y, al mismo tiempo, acabar con viejas actitudes y antiguas barreras logísticas.
La sociedad cuestiona el actual patrón de desmotivación, y está apareciendo un movimiento para los jóvenes similar al feminista o al de las personas con discapacidad. Los participantes del movimiento Youth Venture proporcionan modelos sociales y promotores. La prensa se une al proceso.	Todos redefinen la juventud y la viven como un tiempo en el que se esperan iniciativas, competitividad y colaboración.

- Comunicación amplia de las historias de jóvenes emprendedores y animar a otros a través de los socios de los medios de comunicación (por ejemplo, utilizando la creciente relación con MTV en Estados Unidos y en México).
- Utilización de Internet para reclutar, ayudar y contribuir a formar redes de Jóvenes Emprendedores, aliados y socios locales.
- Expandir el programa Youth Venture's *online* («Virtual Venturer»), que permite que los jóvenes se conviertan en emprendedores incluso en comunidades sin presencia organizativa establecida.
- Establecer puentes entre las comunidades (por ejemplo, bandas de punk rock y grupos de debate) a partir de un interés común que trascienda las instituciones y la geografía.

A pesar de que este movimiento todavía no se encuentra en el punto álgido, el ritmo de experimentación y aprendizaje se acelera y se amplía. Presenta la oportunidad de que muchos más socios se entusiasmen con la construcción de este movimiento y puedan unirse para experimentar, adaptar y tirar del carro. Necesitamos comunicar esta visión diferente de la juventud, para multiplicar rápidamente la proporción de personas que tienen el poder de cambiar las cosas.

Emprendimiento colaborativo

Otra «herramienta» importante para eliminar barreras, derribar muros y organizarse de una manera distinta consiste en colaborar con los demás. Por este motivo, no es de extrañar que, más poderosos que un emprendedor social trabajando de manera independiente, son los grupos de emprendedores que Ashoka ha ido creando y coordinando durante los últimos doce años.

El proceso consiste en observar a centenares de los emprendedores sociales más influyentes del mundo en cada continente que persiguen un objetivo común. Por ejemplo, como en el caso expuesto en el apartado anterior: el desarrollo de la empatía y el *changemaking* en la infancia y la juventud.

Este nuevo proceso de emprendimiento en grupo (emprendimiento colaborativo) surge de los propios Emprendedores Sociales de Ashoka y les enriquece en gran manera. Basta imaginar un emprendedor social que haya visualizado una idea y que haya desarrollado un sistema eficaz para llevarla a la práctica. De repente, conoce otras cinco ideas y una docena de sistemas eficaces para desarrollarlas (además, tiene acceso fácil y completo a los cinco colegas que están trabajando con sus mismas preocupaciones y sus procedimientos de trabajo). Colaborar en este tipo de grupos de emprendedores crea lazos que conducen a una miríada de colaboraciones adicionales, cada una de las cuales refuerza el conjunto de la comunidad Ashoka.

¿Cómo funciona?

1. En primer lugar, un emprendimiento colaborativo sólo se pone en marcha cuando en todo el mundo existen algunos centenares de emprendedores sociales líderes que tienen su vida comprometida para lograr algún gran cambio en un área determinada.
2. A continuación, Ashoka observa con atención las ideas probadas de todos estos emprendedores, junta las piezas en una especie de «mosaico» que permite a la organización ver tanto la imagen general, como patrones transversales más importantes (es decir, los que definirán el futuro).
3. Luego viene el paso más complejo: identificar el nuevo paradigma que definirá el campo de acción en el futuro. Comprender las cuestiones que los patrones tratan de responder suele proporcionar claves muy útiles.
4. Cuando Ashoka ya ha comprendido hacia dónde debe ir este campo concreto de acción, el paso crítico consiste en identificar una o dos cosas que deban suceder para que el mundo dé ese salto cualitativo esencial.
5. Finalmente, se debe hacer que suceda todo lo anterior. Ése es el punto en el que entra en juego toda la fuerza emprendedora de centenares de los emprendedores sociales que colaboran conjuntamente.

Como muestra ilustrativa, a continuación se detallan dos ejemplos de emprendimiento colaborativo importantes para Ashoka: las cadenas híbridas de valor y los proyectos relacionados con la enseñanza de la empatía como habilidad social entre los niños y jóvenes (los equipos de «Todos los niños deben dominar la empatía»).

Las cadenas híbridas de valor

Un gran ejemplo de cómo puede resultar muy útil crear un equipo de equipos y cómo es posible alcanzar mucho más impacto levantando barreras y derribando muros, es la iniciativa de las cadenas híbridas de valor (CHV) con las que está trabajando Ashoka.

Las CHV representan un cambio sistémico en la manera en que interactúan las empresas con las organizaciones del sector ciudadano. Son colaboraciones capaces de redefinir valores y con potencial para cambiar los resultados, de modo que cada parte comprende (y acepta voluntariamente) los riesgos y los beneficios.

Consideremos por ejemplo el sector de la construcción. Actualmente, una sexta parte de la población mundial vive en chabolas y áreas ocupadas de las ciudades. Esto significa mil millones de personas que están fuera del mercado formal de la vivienda. Si eres una empresa de cemento, una empresa que fabrica tejas o ladrillos, un banquero o una empresa de servicio público, simplemente pensarás: ¿qué significaría para mi empresa si pudiese abrir el candado del mercado potencial de la construcción, que significa más de un billón de dólares?

Hasta hace poco, esto era algo prácticamente imposible, porque el mundo empresarial actuaba solo (con sus costes estructurales y un mal conocimiento de los mercados locales); era incapaz de llegar hasta estos consumidores de la llamada base de la pirámide. Por otro lado, los gobiernos o las organizaciones del sector ciudadano tampoco sabían cómo resultarles útiles a estos consumidores. En el capítulo 4 se describe el caso de Colcerámica, un ejemplo ilustrativo de cómo es posible lograrlo.

Una propuesta ganar-ganar

Las empresas que entran en una cadena híbrida de valor (CHV) pueden esperar tres tipos de retorno a sus inversiones:

a) **Beneficios**. Las CHV desencadenan muchas oportunidades de crecimiento. Por ejemplo, a partir de su alianza de investigación, Ashoka y la consultora Hystra estiman que existe un mercado de 553.000 millones de dólares si se logra aportar energía segura, limpia y asequible para consumidores de ingresos bajos. Además, si una empresa es capaz de construir una CHV para atender a los consumidores con menos recursos de manera eficiente, a menudo también podrá proporcionar estos mismos servicios para consumidores con ingresos más elevados.
b) **Conocimiento**. Las compañías pioneras en las CHV realizarán su curva de aprendizaje y dejarán atrás a los competidores. A medida que adquieren experiencia, podrán trasladar sus nuevos conocimientos a otros campos y entornos.
c) **Talento**. Las CHV requieren emprendedores que puedan encontrar oportunidades, imaginar soluciones creati-

vas y colaborar con un grupo heterogéneo de socios. Proporcionan a las empresas la oportunidad de identificar y animar a líderes con talento. También atraen progresivamente a pensadores y aumentan el compromiso de los trabajadores, porque trabajar en esta nueva frontera del mundo empresarial es apasionante, socialmente relevante y constituye un reto.

Ahora bien, naturalmente no todas las situaciones son apropiadas para una cadena híbrida de valor. Hay tres tipos de oportunidades especialmente convenientes para esta estrategia de negocio:

1. **Cuando el sector ciudadano es amplio y crece con rapidez.** Ashoka estima que el mercado mundial de la atención a la salud entre personas con rentas bajas tiene un valor de unos 202.000 millones de dólares, pero crecerá exponencialmente a causa de las empresas emergentes y las innovaciones sociales. El mercado mundial de la alimentación para la población de rentas bajas todavía es mayor: unos 3,6 billones de dólares que van creciendo rápidamente. El corazón de cualquier emprendedor empezaría a latir rápidamente sólo de pensar en este potencial por explotar.
2. **Cuando los valores de mercado cambian de manera espectacular.** En mercados como el energético y el del medio ambiente, los clientes piden a menudo que se adquieran más compromisos porque los modelos exis-

tentes son inflexibles. Las CHV pueden ayudar a que las empresas identifiquen cuáles son estos compromisos.

3. **Cuando los fondos de filantropía y los «servicios gratuitos» pueden ser reemplazados por mercados genuinos.** La aplicación de sistemas de precios innovadores y nuevas aproximaciones pueden conducir a bienes y servicios que proporcionen tanto valores tradicionales como valores nuevos añadidos. Viene a la mente el microcrédito: gracias al trabajo del Grameen Bank y de otras entidades de préstamo similares en todo el mundo, los microprestatarios han sido capaces de crear sus propios negocios, lo que ha estimulado el crecimiento económico de sus comunidades y ha desarrollado nuevos campos para el sector financiero.

El programa «Todos los niños deben dominar la empatía»

En páginas anteriores ya se ha señalado la importancia de la empatía y del aprendizaje de esta habilidad social especialmente entre los niños. En este sentido, Ashoka ha puesto en marcha algunas líneas de emprendimiento colaborativo dirigidas tanto a niños como a jóvenes. El programa «Todos los niños deben dominar la empatía», por ejemplo, está enfocado en cambiar diez zonas clave del mundo, utilizando la teoría del cambio antes expuesta:

- En primer lugar, el programa busca lograr que una representación del 5 % de las escuelas *influyentes* adopte el nuevo paradigma.

- En segundo lugar, lograr que 30 intelectuales «expertos» influyentes (especialmente escritores y editores) comprendan la importancia de este cambio para la sociedad e incluso presentarles las escuelas líderes que quieran explicar sus historias.

En el análisis sobre el trabajo que los emprendedores sociales de Ashoka están realizando en el ámbito de los jóvenes, Ashoka identificó el principio de que quien no domine la habilidad social compleja de guiar su propia conducta mediante la empatía, será marginado. Puesto que ésta es una situación tremendamente cruel y destructiva que sufre, quizás, un 30 % de la población mundial, ayudar a que los jóvenes dominen la empatía tiene una importancia enorme. Una de las mejores maneras de hacerlo es animándoles a crear equipos para contribuir a realizar cambios importantes en su comunidad o en determinados servicios. Si su equipo lo consigue, significa que también deben dominar el trabajo en equipo, que a su vez depende de la empatía.

Es importante reflexionar sobre hasta qué punto llega la complejidad de la empatía: mientras contemplamos cada acción, debemos entender cómo impactará sobre cada uno de los que nos rodean ahora y en el futuro, y eso debe guiar nuestra conducta. Actualmente, el mundo requiere esta habilidad como el salvoconducto incluso para los niveles más simples de la sociedad.

En definitiva, otro aspecto clave que debe darse si deseamos una sociedad donde «Todos somos *Changemakers*»® es que nos organicemos de una manera distinta: las instituciones que trabajan en silos ya no son válidas; necesitamos equipos que rompan barreras. El futuro de la sociedad pasa por ahí.

Changemakers.net y Ashoka U

El mundo no podrá cambiar sin que exista una masa crítica de personas involucradas que participen en este esfuerzo. Los emprendedores sociales solos no lo lograrán. Por este motivo, utilizando una imagen neuronal, podríamos hablar de la necesidad de crear sinapsis. Éste es el motivo por el que se necesitan *changemakers* (en general) y plataformas como Changemakers.net y OpenGO. De modo similar, es necesario tratar de buscar alianzas con las universidades, y éste es el objetivo de Ashoka U.

Changemakers.net y OpenGO

Changemakers ha entrado en una nueva etapa de su transformación; partiendo de la página web inicial abierta a todo el mundo para resolver problemas, se ha convertido en algo mucho mayor y bastante nuevo para Internet.

La evolución de la visión de Ashoka, desde apoyar a emprendedores sociales líderes y potenciar un sector ciudadano competitivo hasta favorecer un mundo en el que «todos somos *Changemakers*», refleja el crecimiento espectacular del número de *changemakers* en el mundo más allá de los emprendedores sociales.

Un mundo así requiere un imán poderoso para lograr que los *changemakers* existentes y los aspirantes se unan, colaboren y crezcan.

La plataforma Ashoka Changemakers (www.changemakers.net) es una comunidad *online*, abierta al público en general, que permite dar a conocer y compartir las mejores soluciones a las problemáticas sociales más urgentes. Es una plataforma en Internet que permite a su vez poner en contacto a inversores con innovaciones sociales de todo el mundo.

A través de los desafíos *online* que realiza (competiciones temáticas y colaborativas), Changemakers identifica y reúne a los mejores innovadores sociales. De esta manera, busca convertirse en una comunidad global de innovaciones sociales orientada a la acción. Esta entusiasta interacción y su consecuente respuesta les otorgan a los emprendedores sociales, generalmente aislados, un espacio seguro, y un gran número de recomendaciones y contactos para que prosperen y se expandan.

La comunidad que se construye en cada desafío está comprendida por una amplia red de organizaciones sociales innovadoras, emprendedores sociales y de negocios, así como de innovadores del ámbito académico e instituciones de gobierno.

Nuestra capacidad para aplicar el concepto de código abierto de los programadores de Internet a las innovaciones sociales, junto con el marco analítico de Ashoka, convierte a Changemakers.net en un laboratorio para la innovación social con la capacidad de colaborar tanto con el sector corporativo como con fundaciones interesadas en un cambio sistémico real.

Los desafíos Changemakers han dado muy buenos resultados. Por ejemplo:

- Búsqueda de innovaciones locales a la crisis del agua y la sanidad (enero de 2008). Coca-Cola se comprometió con un millón de dólares en el Foro Económico Mundial para invertir en los participantes del desafío.
- Desafío de Geoturismo (enero de 2008). National Geographic anuncia un compromiso por cinco millones de dólares durante la Clinton Global Initiative para desarrollar una iniciativa global de geoturismo, en la que se incluyen innovaciones participantes en tres desafíos de Changemakers.
- G20 SME Finance Challenge (noviembre de 2010). Una competición para encontrar soluciones innovadoras para catalizar la financiación privada de la pequeña y mediana empresa en los países en desarrollo. Se obtuvieron más de 500 millones de dólares en compromisos de financiación para las 14 organizaciones ganadoras, por parte de los países del G20 y de las instituciones de financiación para el desarrollo.

El sistema Open Growth

¿Qué pasaría si las necesidades crecientes de una iniciativa se pudiesen hacer públicas? ¿Y si hubiese una plataforma transparente para definir la estrategia o para interactuar con una comunidad de usuarios que podría ayudarte a llegar hasta los clientes, o para seguir tu evolución? Esto es exactamente lo que se está haciendo mediante Ashoka Changemakers.

El próximo reto es crear un sistema Open Growth (de crecimiento abierto). Changemakers se está transformando con el fin de ir más allá de la estricta identificación de la innovación para hacer crecer las innovaciones y lograr que alcancen todo su potencial de mercado mediante la plataforma OpenGO. Esta plataforma permite que innovadores, inversores y entusiastas puedan realizar intercambios y colaboren en un mercado a tiempo real. OpenGO permite el intercambio de ofertas y necesidades, ideas e inversiones. Al facilitar este tipo de intercambio, creamos la oportunidad de que todos evolucionemos como *changemakers* y que se aceleren las ideas y las innovaciones.

Ashoka U

En 2008 se lanzó la Iniciativa Changemaker Campus, un osado experimento de colaboración entre distintos sectores, dirigido por Ashoka y las instituciones líderes en enseñanza del emprendimiento social, para lograr innovar en favor tanto del sector ciudadano como del sector de la enseñanza superior.

Ashoka U y el consorcio Changemaker Campus comparten una asunción fundacional: creen que Ashoka y las universidades tienen mucho que ofrecerse entre sí. Aunque esto es obvio, la tarea es ardua: al emparejar el vasto campo de conocimiento de Ashoka y su red de emprendedores sociales innovadores con la producción universitaria de investigaciones sobre el cambio de reglas y la formación de la próxima generación de líderes, tenemos un gran potencial para incubar innovaciones colaborativas.

La Iniciativa Changemaker Campus saca provecho de esta inmensa sinergia y enfoca las fuerzas del consorcio en aprender conjuntamente cómo apalancar nuestro potencial conjunto para lograr tener impacto social. Creemos que la colaboración innovadora entre la enseñanza universitaria y el sector ciudadano emprendedor es la próxima fuerza emergente que dirigirá el cambio social global.

Por todo ello, se ha diseñado la categoría de Changemaker Campus, similar a la designación de un emprendedor social de Ashoka. Así, la Iniciativa Ashoka U Changemaker Campus aplica este modelo para identificar impulsores de cambios de gran impacto en universidades, personas que tengan una idea innovadora sobre cómo lograr cambiar los sistemas en sus instituciones, y apoyar a estos líderes con el fin de crear un entorno de campus que facilite más el emprendimiento social y la innovación. Una vez seleccionados, Ashoka U disemina las mejores prácticas para ampliar el campo de la formación de emprendedores sociales.

Por su parte, la Iniciativa Changemaker Campus busca respuestas a nuevas preguntas estimulantes. Por ejemplo: ¿cómo podemos hacer de las universidades un entorno más innovador y de emprendimiento?, ¿cómo podemos hacer que esta alianza genere el conocimiento que necesitamos para solucionar los problemas más inextricables del mundo?, ¿cómo podemos enseñar de manera más eficaz y transmitir seguridad y conocimientos a la próxima generación de emprendedores y *changemakers*? o ¿cómo es posible lograr que la universidad colabore con el sector ciudadano para conseguir el máximo impacto?

En este contexto, los varios Campus Changemaker existentes son instituciones líderes en emprendimiento social que se han adentrado en el laboratorio de aprendizaje de Ashoka U con el compromiso de investigar y construir el campo de la enseñanza del emprendimiento social. Actualmente son 14 instituciones públicas y privadas de distinto tamaño, diferente estructura y localización geográfica, seleccionadas para demostrar cómo podría ser un «*campus hub*» de innovación social. En www.ashokau.org se pueden consultar las universidades participantes.

3.
Reflexiones de Bill Drayton

Ashoka

Es profundamente preocupante que un 50 % de la población mundial sólo tenga un 5 % de los ingresos del mundo. Esto ni es justo, ni sostenible, ni seguro. Pero es la realidad, y esta realidad es, precisamente, donde empieza la idea de Ashoka.

La tarea más importante de Ashoka consiste en ayudar a nuestro sector –que está emergiendo con fuerza– a desarrollar las instituciones y los patrones que le permitirán tener el mayor impacto posible, y que nos posibilitarán a todos colaborar, ayudarnos unos a otros y ser mucho más que la suma de las partes.

Asociación o colaboración público/privada

Muchas personas tienen la sensación de que mientras el cambio se acelera, los problemas del mundo se multiplican más rápidamente que sus soluciones. Los barrios de chabolas van creciendo día a día; la energía sostenible y asequible, escasea; no logramos proporcionar una atención a la salud adecuada para muchos ciudadanos. Sea cual sea el asunto, creemos que la respuesta más potente y rentable es a menudo una nueva forma de asociación entre el sector industrial y el sector ciudadano, que actualmente está compuesto por millones de organizaciones eficaces y competitivas, lideradas a menudo por emprendedores.

Asustado / miedo a la irrelevancia

Cualquiera que no sea un agente de cambio, sin importar si es un médico o un ingeniero muy bien cualificado, cada vez estará más asustado al verse a la deriva en medio de un océano que no comprende. Peor aún, no será capaz de contribuir de manera eficaz –algo que, en el fondo, es cómo uno expresa la principal fuente de la felicidad, el amor y el respeto humano.

Cambio (Adaptación al)

Durante 10.000 años, el mundo lo han dirigido unas pocas personas. [...] Sin embargo, este patrón está desapareciendo. No funciona. A medida que la velocidad de cambio se va acelerando y que el cambio procede de más y más fuentes, el modelo en que unas pocas personas que están por encima de otras, que hacen tareas repetitivas, sencillamente no puede funcionar. Sin embargo, este modelo todavía prevalece en la forma en que las instituciones siguen organizadas y en el pensamiento generalizado.

Rara vez, la arquitectura fundamental de una parte significativa de la sociedad cambia. En las últimas dos décadas y media, la estructura de la mitad social de la sociedad, dirigida por los emprendedores sociales, lo ha hecho. Ha alcanzado irrevocablemente el punto de inflexión de ser burocrática y prácticamente un monopolio, a ser competitiva y emprendedora: la misma transición que transformó la mitad empresarial de la sociedad durante los tres siglos anteriores. Las consecuencias no serán menos trascendentales o amplias.

Lo que propicia esta transformación es un cambio estructural profundo. El terreno social ha sido conquistado por organizaciones competitivas e independientes, creadas por los ciudadanos y que hace funcionar la ciudadanía. Y, ahora, los plazos y el ritmo del cambio y la competencia los marcan un número creciente de emprendedores sociales muy competentes y competitivos. Cualquiera puede entrar y lograr una cuota de mercado si tiene una idea mejor o si es capaz de ejecutarla de manera más eficiente.

A medida que los emprendedores sociales a gran escala y los *changemakers* (agentes de cambio locales) se multiplican, también lo hacen el número de instituciones que les apoyan, todas aquellas que facilitarán las cosas a la próxima generación de emprendedores y *changemakers*. No sólo la gente no se resiste sino que, en realidad, responden de inmediato a este cambio. ¿Quién desea ser pasivo cuando puede ser un agente para el cambio, cuando puede vivir vidas mucho más creativas y participativas –y, por tanto, respetadas y valoradas? Todo este proceso es enormemente contagioso. La mayor contribución que cualquiera de nosotros puede hacer actualmente no es solucionar un problema concreto –sin importar la urgencia de la regulación económica, de la energía o del medio ambiente–. Lo que debemos hacer ahora es aumentar la proporción de personas que de verdad se sientan capaces y crean que ellos mismos pueden hacer realidad un cambio.

El emprendedor social lo es en su sentido pleno cuando aporta un patrón de cambio sistémico fundamental a la sociedad. Lo que le hace emprendedor social es que, desde lo más profundo de su ser, está comprometido al bien común. Y, por tanto, también lo es su trabajo.

Cualquier joven, si se da permiso a sí mismo, puede juntar a sus amigos y empezar algo que marque una diferencia en su comunidad. Cuanto antes lo haga, antes se encontrará en aquel camino mágico que le llevará a ser una persona plenamente colaboradora en un mundo definido por el cambio. A mí, mis padres y un director del instituto donde estudiaba, me dieron este regalo.

Los emprendedores sociales no quieren ayudar; desean cambiar el mundo.

Puedes cambiar el mundo, si te das permiso para hacerlo. La principal barrera para conseguir la plena satisfacción de ser un emprendedor social eficaz consiste en prestar atención a todas las personas que te dirán: «No puedes».

Ciudadanos, sector ciudadano

En el mundo ha aparecido un nuevo protagonista: el sector ciudadano.

Veinte años atrás, la gente se refería a nuestro trabajo diciendo que éramos personas bienintencionadas que ayudábamos a una aldea de aquí o a una escuela de allá; que éramos «gotas en el océano» que no sumaban demasiado. Sin embargo, ahora que Brasil tiene más de un millón de grupos de ciudadanos y ahora que la mayoría de los brasileños adultos son voluntarios, aquel desdén no es más que un recuerdo.

Ahora, el sector ciudadano necesita a todo tipo de personas, desde artistas gráficos y gerentes de finanzas hasta emprendedores. Actualmente, alguien de nuestro sector tiene más probabilidades de despertar mayor interés entre los invitados de una cena, que el banquero inversor que tiene sentado en la mesa frente a él.

Cinco años atrás, los estrategas de los negocios o del Estado podían ignorar al sector ciudadano sin demasiado problema. En sólo cinco años, hacer algo así constituirá una mala práctica. Nadie puede quedarse impasible frente a un enorme sector de rápido crecimiento, con gran empuje, costes bajos y con grandes estrategias.

Los grupos del sector ciudadano, de modo muy parecido a lo que acontece con los negocios, tienen un ciclo vital de tres etapas. Empiezan un período de incubación en un «garaje» autofinanciado. Luego se preparan para un tiempo de pruebas y redefinición del servicio y los productos que ofrecen, y también para la creación de una estructura organizativa que a menudo requiere una inversión institucional significativa. Finalmente, pasan a esa etapa de madurez «tras el punto de equilibrio», en la que los recursos conseguidos tienen que, por lo menos, igualar los gastos.

Confianza

La confianza es crítica en toda apertura y colaboración; por tanto, también lo es para la eficiencia y para la satisfacción personal. [...] ¡Qué diferente sería la sociedad si cada institución (familia, escuelas y lugar de trabajo) de manera abierta y articulada dejase claro que una conducta ética intachable es esencial! ¿Qué sucedería si cada organización o empresa dijese en cada etapa, tanto al contratar como en las operaciones diarias: «Nos preocupamos mucho de que seas una persona y un compañero éticamente intachable»?

Creatividad

La tarea del emprendedor no consiste en coger una idea y luego implementarla. Esto es lo que hacen las franquicias. El emprendedor construye algo completamente nuevo por medio de un proceso de creación, prueba y recreación constantes, seguido de más pruebas y más recreaciones.

Los emprendedores sociales de éxito deben ser creativos tanto en su visión a la hora de establecer los objetivos como a la hora de hacer un seguimiento básico de la resolución de los problemas. Deben utilizar su creatividad día tras día, año tras año, para triunfar.

La creatividad también es una fuente de motivación para el emprendedor. Al ser dueños de su visión, se dedican con mucho más empeño que cualquier otro trabajador a convertir la idea en una nueva realidad.

La creatividad no es una cualidad que aparece de repente en la madurez; casi siempre asoma en la juventud.

Changemakers *(Impulsores de cambio)*

Los emprendedores sociales son realmente importantes porque son modelos que animan y facilitan la existencia de *changemakers* locales; producen constantemente ideas que tienen mucha, mucha probabilidad de ayudarnos a llegar a una sociedad donde «Todos somos *Changemakers*», porque intuyen que ahí es donde está el futuro, sea cual sea su área de acción.

Cuando decimos que «Todos somos *Changemaker*»©, queremos decir exactamente esto. Cada persona tiene que tener, desea tener y puede tener la capacidad de ser un *changemaker*. Esto significa que en cualquier momento, en un día o una semana normal, ves algo que podría ser mejor o algo que está atrancado, y dices: «¡Perfecto, sé qué hacer!». Este hallazgo te hará más feliz que cualquier otra cosa porque serás capaz de hacer algo realmente importante para la sociedad y para la gente que te rodea. Y lo que tanto tú como los demás quieren hacer en la vida es expresar amor y respeto mediante sus acciones. Te dices: «He aquí una gran acción, y sé cómo llevarla a cabo. La gente que me rodea sabe cuál es su papel, de modo que puedo esperar de ellos que respondan de una manera que me facilite la acción».

El factor clave del éxito de cualquier grupo humano, ya sea una empresa, una ciudad o un país, será la proporción de personas que sean hábiles agentes de cambio trabajando juntos en equipos flexibles.

Realmente todo gira en torno a algo que cualquier negocio debería tener: imaginarse qué necesitan los clientes. Pero no lo dejes en manos de unos cuantos compañeros listos de la empresa. Tienes que decirles a todos los que trabajan en el grupo: «Eres un *Changemaker*. Puedes imaginarte qué necesitan los clientes, y si tú también piensas cómo hacer que funcione, serás un héroe. Lo harás realmente bien. Serás un modelo a imitar para otros compañeros». Todos, incluso el portero, se sentirán poderosos. Deberíamos hacer lo mismo en las escuelas, en las organizaciones de derechos humanos, en las cadenas hoteleras y en las fábricas de electrónica: ésta es la transición hacia un mundo donde «Todos somos *Changemakers*»©.

El bienestar del mundo requiere esta nueva fuerza global para que todos puedan llegar a tener el mayor impacto posible. Éste es uno de los objetivos principales del emprendimiento colaborativo de Ashoka.

Changemaker *local*

Cada emprendedor social atrae en masa a los *changemakers* locales. Esta es una de las pocas diferencias estructurales significativas entre el emprendedor social y el emprendedor comercial. El emprendedor social no tiene interés en captar ningún mercado o tener ventajas competitivas. En lugar de esto, el objetivo es cambiar el mundo.

Changemakers.net

Changemakers ha entrado en una etapa beta de su transformación; partiendo de la página web inicial abierta a todo el mundo para resolver problemas, se ha convertido en algo mucho mayor e innovador en Internet.

Desatascar la sociedad

Los emprendedores sociales de Ashoka son los emprendedores sociales líderes que ven dónde la sociedad se encuentra atascada y proporcionan nuevas vías y oportunidades para desencallarla.

Educación

Los niños y los jóvenes tienen la capacidad de pensar por si mismos, de tomar iniciativa y provocar un cambio social. La sociedad solo reconocerá y valorará esta habilidad cuando una masa crítica de jóvenes haya demostrado al mundo que pueden identificar una necesidad social y dedicarse a ella con éxito. Esto será posible gracias a una educación que responsabilice a los propios niños; una educación que integre el aprendizaje con la vida cotidiana de los niños; una educación que permita ayudar a los niños a que dominen la empatía y el trabajo en equipo... en definitiva, haciendo que la enseñanza sea una responsabilidad de todos los sectores de la sociedad.

Empatía

El éxito solía consistir en dominar el conocimiento y las reglas. Esto funcionaba relativamente bien en una sociedad estática. Sin embargo, ya ha dejado de ser así. [...] Quienquiera que no domine esa habilidad compleja aprendida llamada empatía, herirá a los demás, disgregará los grupos y *será* marginado (es decir, apartado), por más conocimiento en informática o lo que sea que tenga.

Actualmente, la oportunidad más importante del mundo consiste en multiplicar la capacidad de la sociedad para adaptarse al cambio de manera inteligente y constructiva, así como levantar la estructura colaborativa necesaria. Los emprendedores sociales líderes en el cambio de patrones son el factor más relevante para catalizar y conducir esta transformación.

Sin la habilidad de la empatía, herimos a las personas y disgregamos las instituciones. [...] Quien carezca de esta habilidad no puede avanzar en las otras habilidades sociales aprendidas que debe dominar para ser partícipe en la sociedad, para contribuir en un mundo que está experimentando el cambio más espectacularmente rápido y con más facetas al que nos hemos enfrentado en los últimos 15 años. Estas habilidades son: trabajo en grupo, liderazgo y ser un *Changemaker*.

Si Estados Unidos, Polonia, Nigeria o Sri Lanka no se aseguran de inmediato que todos sus niños dominen la empatía, estos países quedarán atrás en la carrera para estar al frente dentro de 15 años. Han hecho falta 50 años para que muchas de las dinamos industriales de mitad del siglo XX se hayan convertido en zonas desoladas. Esta vez no se necesitarán otros 50 años.

Empleo

El sector ciudadano ofrece empleos nuevos y muy atractivos para personas de cualquier edad. El trabajo que ofrece este sector es importante, tiene sentido y se adapta bien a los valores de las personas. Los compañeros de trabajo se mueven por valores. Hay menos techos de cristal (en realidad, no hay ninguno para el emprendedor). Los salarios están ganando terreno sobre las empresas por primera vez en siglos a medida que el sector ciudadano va cerrando la brecha de la productividad.

Emprendedor social

La tarea del emprendedor social consiste en transformar los grandes sistemas. Y lo que define al emprendedor social es que, en el centro de su existencia, está comprometido a servir al bien de la comunidad.

La propia historia del emprendedor es en sí misma un faro que anima a centenares de otras personas a buscar y tomar iniciativa. Esto también aumenta el número de *changemakers* locales. Además, cuando estos líderes locales empiezan a construir los equipos que necesitan para lanzar la idea que han adoptado, no sólo dan ánimos, sino que también forman a los próximos *changemakers* locales en potencia.

Emprendimiento

Los emprendedores sociales necesitan y merecen lealtad. Su trabajo no es una ocupación; es su vida. Y son, día tras día, año tras año, fundamentales para el proceso reiterativo de creación, que es la esencia del valor que se está generando. Pero hacer y mantener los compromisos que constituirían una asociación leal requiere juicio, una perspectiva a muy largo plazo y una comprensión verdadera del emprendimiento. Es difícil que las grandes instituciones reúnan todos estos requisitos. Los emprendedores sociales a menudo requieren inversiones substanciales a medio y largo plazo. Deben probar y refinar una idea (un proceso inherentemente impredecible), aprender cómo trasladarla al mercado, lograr que cambien muchas otras instituciones (también resistentes a una agenda muy estricta) y, finalmente, levantar una institución y generar un movimiento.

La fuerza más poderosa del mundo es, claramente, una gran idea para cambiar un patrón… eso sí, siempre que esa idea esté en manos de un gran emprendedor. Esto es cierto para cualquier sector y en cualquier momento.

Es escalofriante saber que sólo el 3 % de los estudiantes universitarios piensa en el emprendimiento como una carrera. Con la tasa de cambio acelerando de manera exponencial que estamos viviendo, todos nosotros tendremos que ser por lo menos *changemakers* para tener algún papel en la sociedad.

Emprendimiento colaborativo 3.0

La comunidad Ashoka está teniendo repercusión con una aproximación original y nunca desarrollada previamente de emprendimiento colaborativo 3.0. Se trata de un gran paso adelante en relación con los emprendedores como actores solitarios. Permite que centenares de los mejores emprendedores sociales de todo el mundo que se dedican a resolver un tema crítico (por ejemplo, los niños y jóvenes) se junten cuando sea el momento adecuado de un cambio de patrones para: 1) identificar el nuevo paradigma que debemos alcanzar. 2) conducir el mundo hasta que alcance este futuro mejor rápidamente y con la arquitectura más sabia posible.

Equipo

Este mundo del futuro será un equipo global de equipos, equipos que se irán juntando en diversas combinaciones, escalas e intensidades en función de la necesidad. Cuanto más rápido cambien las cosas, más necesitará el mundo de este gigantesco y ágil caleidoscopio de equipos.

Un equipo es verdaderamente un equipo cuando todos sus miembros son jugadores: en un mundo definido por el cambio creciente, sólo pueden ser jugadores si contribuyen al cambio.

El motor más poderoso del que disponemos para asegurar que los sistemas del mundo se mueven en la dirección correcta, es un equipo de los mejores emprendedores sociales del mundo, trabajando juntos, sobre un campo de acción (medio ambiente, salud, educación, etc.) que se encuentre en el punto de maduración adecuado.

Éxito

Efectivamente, *la* clave para que las instituciones de todo tipo logren un éxito pujante es que alcancen la mayor proporción posible de *changemakers* en sus poblaciones y que aprendan cómo liderar organizaciones donde «Todos somos *Changemakers*»©. Lo mismo es cierto para las personas. En un mundo en el que el cambio es omnipresente y se acelera con rapidez, las personas deben convertirse en *changemakers* para poder participar.

El factor clave para el éxito de cualquier grupo en crecimiento será: ¿qué proporción de personas son *changemakers*, qué nivel de habilidades han desarrollado y con qué fluidez son capaces de trabajar juntos tanto interna como externamente?

Fracaso

Las organizaciones pueden permitirse tolerar traspiés y fracasos cuando el objetivo es aprovechar una oportunidad a gran escala. Aprender lo que no funciona les acercará más a descubrir lo que sí funciona.

Global, changemaker *global*

Seres sociales como somos, los humanos siempre nos apoyamos unos a otros. Eso no es nuevo. Lo novedoso es que ahora el sector ciudadano se ha convertido estructuralmente en algo tan emprendedor y competitivo como el sector de los negocios. Cada vez más, el mundo se definirá mediante la imparable dinámica de más y más grupos de ciudadanos compitiendo a cualquier nivel que se requiera (local o global) para solucionar problemas sociales.

Ya no podemos crear más un sistema regulador financiero que no sea a escala global. Lo mismo es válido para el medio ambiente o muchas otras áreas. Por tanto, el nuestro es el primer campo que tiene que estar operacionalmente integrado a escala global. En la medida en que nos salga bien, estaremos construyendo una red de confianza que nos ayudará a dar apoyo a instituciones que, en última instancia, transformarán el mundo. Para lograrlo, muchas de las leyes y de los límites del pensamiento que actualmente dividen el mundo tendrán que cambiar.

La fuerza integradora más potente (y que está sólo empezando a hacerse visible) será la competencia entre los emprendedores sociales, ya que nuestro campo avanza rápidamente para alcanzar la escala global.

Hace diez años, la probabilidad de que una idea de Bangladesh afectara a una comunidad de Brasil, Polonia o Estados

Unidos era muy pequeña. Actualmente es común (el ejemplo más conocido es el impacto de Muhammad Yunus en la expansión del microcrédito), y cada año será más frecuente.

Habilidades sociales

El nuevo paradigma se centra en las habilidades sociales que una persona debería tener para ser capaz de contribuir en un mundo en el que «Todos somos *Changemakers*»: 1) cada niño debe dominar la empatía y 2) cada adolescente debe *ser* un *changemaker* utilizando las cuatro habilidades principales: empatía, trabajo en equipo, liderazgo y *ser capaces de impulsar cambios*. La práctica es la única manera de aprenderlo, y si un adolescente de 15 años no las pone en práctica (por ejemplo, creando un servicio de clases de apoyo en su escuela o una emisora de radio virtual con los amigos), tendrá un problema al llegar a los 30 años, porque necesitará todas esas habilidades.

Sin embargo, hasta hace poco Ashoka no se había dado cuenta de que su visión de un mundo en el que «Todos somos *Changemakers*» es una fantasía inalcanzable, a no ser que se aproveche la juventud como una época para practicar el «yo puedo» –el «sí se puede»– y adquirir las habilidades necesarias subyacentes: empatía, trabajo en equipo y liderazgo.

Entrar en la vida adulta con seguridad y dominando las habilidades de la empatía, el trabajo en equipo y el liderazgo, es lo que en último término ha proporcionado durante milenios [*a un reducido grupo de la sociedad, la élite*] el control de poder tomar la iniciativa y, por tanto, del poder y los recursos.

¿Qué hace que entre un 25 % y un 30 % de la población mundial se encuentre marginada, cruelmente imposibilitada para entrar y contribuir a una sociedad mayor? No se debe al hecho de que no sepan cómo utilizar un ordenador o desconozcan el latín. Estos conocimientos podrían adquirirlos fácilmente. [...] Actualmente y de ahora en adelante, no basta con el conocimiento. Los jóvenes deben captar y dominar la habilidad aprendida (no genética) de la empatía.

Ideas

No existe ningún emprendedor sin una idea potente e innovadora para cambiar un sistema. El emprendedor existe para convertir su visión de la sociedad en un nuevo patrón. Se ha casado con esta visión, en la salud y en la enfermedad, y hasta que se haya extendido por todas partes.

La fuerza más poderosa del mundo es una idea innovadora en manos de un emprendedor social.
El emprendimiento colaborativo de Ashoka reconoce los principios que tienen mayor probabilidad de transformar un campo de acción y el mundo. Colaboramos con los emprendedores de nuestras redes para definir conjuntamente la estrategia más potente para expandir y, finalmente, con-

seguir que estos principios se pongan en marcha. Tener centenares de los mejores emprendedores sociales en diversos campos de acción por todo el mundo, comprometidos a que sus ideas tengan el mayor impacto posible, nos da una gran ventaja a la hora de impulsar nuestras ideas de cambio.

Imagina

¿Por qué no podrías hacer lo que otros [*emprendedores sociales*] han hecho (imaginar una solución y persistir en el refinamiento de la idea hasta que realmente funcione y, luego, hasta que la hayas convertido en un nuevo patrón para la sociedad)?

Inversión

Es el momento de que el sector financiero desarrolle fórmulas inteligentes para que los clientes inviertan en el mundo y en la gente que quiere cambiarlo. Ahora mismo, estos inversores se limitan a fundaciones y a varios tipos de «filantropía de impacto». En lugar de eso, las personas y las instituciones deberían poder invertir en productos financieros que supongan beneficios sólidos y que permitan a las personas regar sus tierras, reconstruir sus casas, educar a sus hijos y transportar productos al mercado. Los inversores deberían poder sopesar sus riesgos y los beneficios tanto desde el punto de vista económico como por otro tipo de ventajas que valoren.

Los emprendedores sociales necesitan inversores sociales que valoren las ideas innovadoras.

Un banco inteligente desarrollará una red de productos y servicios que permita a sus empleados servir las necesidades individuales del cliente mediante un paquete hecho a medida con una combinación de beneficios económicos, sociales y de implicación.

Juventud

La sociedad no puede aumentar de manera significativa la población de personas que son –y saben que son– *changemakers* y que conocen bien las habilidades sociales necesarias subyacentes, hasta que consiga que sus jóvenes se conviertan en *changemakers*.

[*Los jóvenes*] deben ser capaces de observarse a sí mismos entendiendo qué les pasa a otras personas (ahora y en el futuro) como individuos en instituciones complejas y, luego, guiarse a sí mismos para contribuir al bien y no herir a los demás.

Tenemos que enseñar a los jóvenes que pueden ayudar a las personas; que pueden liderar; que pueden provocar cambios duraderos e importantes en sus comunidades y en todo el mundo.

Liderazgo

Cuando las personas llegan a los 25 años o a los 40, ya es demasiado tarde para esperar que se conviertan en líderes seguros y éticos. Por tanto, perpetuamos un mundo en el que sólo un 2 % o un 3 % de la población constituye los llamados líderes «naturales». ¡Qué diferente sería para esta sociedad si pasásemos del 2 % al 50 % en la próxima generación! Los educadores pueden jugar un gran papel en la construcción de nuestra base de líderes si promueven el desarrollo integral de la persona entre los estudiantes. Todos tendrían que verse a sí mismos como un *changemaker*. Cuando ya se le ha legitimado de este modo, la persona puede hacer cualquier cosa y tendrá una vida plena y satisfactoria.

Mercado

[*En las «cadenas híbridas de valor»*] la empresa gana nuevos mercados y obtiene beneficios, mientras que los grupos ciudadanos aprenden nuevas habilidades, hacen felices a sus clientes y tienen beneficios substancialmente nuevos, seguros y crecientes que les permitirán evitar depender de fuentes gubernamentales y de fundaciones.

Modelo de conducta

Los líderes emprendedores sociales innovadores, rompen los viejos patrones (y la idea de que los patrones son inamovibles) y hacen posible que todos se conviertan en *change-*

makers locales al mostrarles nuevas maneras de hacer las cosas. Cada emprendedor y cada *changemaker* local con éxito se convierte en modelo que impulsa a muchos otros a seguirle.

Multiplicación

Cada uno de estos emprendedores anima a muchos otros para que presten atención al bienestar de la sociedad y que apoyen los cambios que consideren necesarios. La multiplicación de esta preocupación descentralizada y de esta acción eficaz es, naturalmente, la esencia de la revolución democrática.

Oportunidades

Hay por ahí oportunidades mágicas para cualquiera que se dé permiso a sí mismo para enfrentarse a un reto y emprender una solución.

Si las personas no ven las oportunidades, no podrán aprovecharlas.

Cuantos más ojos tengamos sobre los problemas de la sociedad (y sus oportunidades), más probabilidades tendremos de encontrar soluciones viables.

Problemas, solución de problemas

El artista comunica el problema, el gestor lo soluciona y el trabajador social lleva el problema hasta el nivel comunitario, pero el emprendedor social soluciona el problema a gran escala: primero, porque cambia el sistema; luego, porque difunde la solución.

Los emprendedores sociales –como los emprendedores del mundo empresarial– tienen la visión, la creatividad y la determinación incansable de redefinir su campo, pero aplican estas habilidades para solucionar problemas a gran escala.

Trabajando conjuntamente, las empresas y los emprendedores sociales pueden dar nueva forma a los sectores y campos de acción, y solucionar los problemas más importantes que tiene el mundo.

Somos testigos de un cambio inmenso en la manera en que se resuelven los problemas de la sociedad, cómo se lleva a cabo el trabajo y crecen las empresas.

La barrera no es la inteligencia. La cuestión clave es: ¿te darás permiso para ver el problema y, a continuación, aplicar tu inteligencia natural y lo que has aprendido para hallar una solución y hacerla volar? Únicamente necesitas permiso y persistencia. Las personas que no creen que puedan provocar un cambio no quieren ver problemas u oportunidades. ¿Por qué tendrían que hacerlo? Desde el momento en que están convencidos de que: «*No puedo…*», el hecho de ver algún problema sólo les hará sentirse mal con ellos mismos.

Redefinir

Hace mucho tiempo que la sociedad ha entendido que quienes crean o redefinen las industrias son los grandes emprendedores empresariales. De una manera similar, los emprendedores sociales redefinen la salud, el medio ambiente, el desarrollo de la juventud y otras áreas de las necesidades humanas. La creación de la enfermería moderna y la salud pública, así como la creación de códigos deontológicos por parte de Florence Nightingale, cambió el mundo tanto como lo hicieron Carnegie o Rockefeller en sus respectivas industrias.

Revolución

La revolución liderada por los emprendedores sociales de Ashoka está cambiando fundamentalmente la manera en que se organiza la sociedad y la manera en que nos aproximamos a los problemas sociales.

La tarea de un emprendedor social consiste en reconocer cuándo una parte de la sociedad se encuentra atascada y proporcionar nuevas formas para lograr desatascarla. Encuentra qué es lo que no funciona y soluciona el problema cambiando el sistema, diseminando la solución y persuadiendo a sociedades enteras para que den nuevos saltos hacia adelante. Los emprendedores sociales no están satisfechos ni dando pescado ni enseñando a pescar. No descansarán hasta que no revolucionen la industria pesquera.

Sector ciudadano

Ashoka utiliza el término «sector ciudadano» para definir los tres millones de grupos establecidos por todo el mundo y liderados por personas con una misión: tratar de solucionar las necesidades sociales.

La expresión «sector ciudadano» captura la esencia activa de nuestro campo. Un grupo ciudadano nace y vive solo mientras una o más personas dan un paso al frente y se organizan para proporcionar un servicio necesario o para provocar un cambio. En el momento en que lo hacen, son ciudadanos en el sentido pleno de la palabra (e independientemente de las leyes de cualquier jurisdicción).

Soluciones

Así es como los emprendedores trabajan: una vez han decidido que el mundo debe cambiar de algún modo, simplemente encuentran y construyen las autopistas que les conducirán inexorablemente a obtener este resultado. Donde otros sólo ven obstáculos, ellos disfrutan encontrando soluciones y convirtiéndolas en patrones específicos y nuevos para la sociedad.

Talento

¿Quién es emprendedor? ¿Quiénes son esos emprendedores sociales capaces de modificar patrones? Los emprendedores sociales focalizan su talento emprendedor en solucionar problemas como ¿por qué los niños no aprenden?, ¿por qué no hay acceso equitativo a la tecnología?, ¿por qué aumenta la contaminación?, etc.

«Todos somos **Changemakers»©**

El objetivo principal de *«Todos somos* Changemakers»© consiste en ayudar a crear un mundo en el que cada uno tenga suficiente libertad, seguridad y habilidades para convertir los retos en soluciones. Ésta es la vida más plena y rica posible: una sociedad formada por este tipo de personas evolucionará y se adaptará más rápidamente y de un modo más seguro que cualquier otra.

4. El futuro de la sociedad

Hablemos un poco del futuro. Bill Drayton destaca cuatro aspectos importantes: el actual naufragio financiero, la velocidad del cambio que caracteriza el momento actual, la expansión del sector ciudadano y el papel de los niños y los jóvenes.

El naufragio financiero

El naufragio financiero y económico que estamos padeciendo todos es el reflejo de un mundo de instituciones rígidas que ya no pueden seguir respondiendo. ¿Es posible que el mundo pueda pretender que la solución se encuentre en regular el sistema financiero mundial mediante las autoridades reguladoras nacionales que operan tradicionalmente siguiendo estatutos que fueron escritos en la década de 1930, cuando ocurrió el último gran cataclismo financiero?

¿Cómo podremos escapar de estas instituciones anticuadas? En el centro de la respuesta se encuentra el rápido crecimiento del emprendimiento. Ahora, la eclosión del emprendimiento social durante los últimos 30 años es cada vez más importante por dos motivos:

1. Porque el gobierno es el último sector importante que todavía se encuentra encallado en un estado premoderno y se encuentra especialmente atascado para resolver los problemas sociales, y
2. Porque los sistemas fundamentales de la sociedad requieren que los reconduzcan constantemente hacia el bien común, y esto es precisamente lo que define al emprendedor social frente a todos los demás que persiguen objetivos más particulares.

La actual debacle está ayudando a nuestro sector. En todo el mundo, los estudiantes de las principales escuelas de negocios están muy interesados en el sector social, más que en los favoritos de toda la vida (el marketing y las finanzas).

La velocidad de cambio

La fuerza central subyacente de nuestro tiempo es una velocidad de cambio que está aumentando de manera exponencial. Del mismo modo, crece el número de personas que provocan cambios y, lo que quizás es más importante, las riquísimas combinaciones y combinaciones de combinaciones de personas que impulsan cambios.

En este mundo, los sistemas básicos de la sociedad –que aún damos por hecho– en realidad están cambiando incluso más de prisa, y cada cambio estimula cambios adicionales en otras partes de los sistemas de la sociedad.

Con frecuencia, los cambios empiezan a ir en direcciones peligrosas. Por ejemplo, actualmente la privacidad está sufriendo mucho. Necesitamos vigilancia preventiva a causa del terrorismo; el coste de conectar todos los aspectos de nuestras vidas se ha convertido en algo insignificante, y el modelo empresarial dominante consiste en dar algo a las personas, obtener información a cambio, y hacer negocio vendiendo esta información (por ejemplo, a través de anuncios). Al fin, tanto la libertad como la creatividad requieren privacidad. Es aquí donde se necesitan los emprendedores sociales. Cuando la sociedad empieza a enfocarse hacia la dirección equivocada o cuando falla al calibrar alguna oportunidad importante, debemos confiar en los emprendedores sociales. Son la manera de cambiar que nos representa a todos.

La expansión del sector ciudadano

La espectacular expansión del sector ciudadano durante las últimas décadas –y, especialmente, la aparición explosiva del emprendimiento social– ha sido posible a causa de un cambio profundo en la cultura subyacente a este sector. Siendo como somos, seres sociales, los humanos siempre nos hemos apoyado unos a otros. Esto no es nada nuevo. Lo que sí es nuevo es que el sector social actualmente se ha convertido en un sector estructuralmente tan emprendedor y competitivo como el sector empresarial. Cada vez más, el mundo se definirá mediante la dinámica imparable de numerosos grupos ciudadanos compitiendo para solventar problemas sociales a cualquier nivel en el que se necesite, tanto local como global.

Puesto que el emprendimiento social y, siguiéndole de cerca, el sector ciudadano –cada vez es más potente, competitivo y emprendedor– han crecido a una gran velocidad, se enfrentan ahora a los retos organizativos. Probablemente el más urgente es la financiación: el sector necesita sea como sea recursos innovadores. Aunque la «industria» financiera que sirve al sector social ha cambiado, lo ha hecho en menor medida de lo que ha cambiado el propio sector.

El hecho de que el sector ciudadano esté generando empleos a una velocidad mucho mayor que el resto de la economía de la OCDE es un factor estimulante que puede ser explicado porque hemos alcanzado al primer sector emprendedor, competitivo, moderno (la empresa), extremadamente veloz en términos de productividad, magnitud y globalización. Ahora hemos llegado el punto en que eliminar los muros entre la empresa y el sector ciudadano es posible y proporciona grandes beneficios tanto para el consumidor final como para ambos sectores.

Teniendo en cuenta el poder basado en resultados de la transformación del sector ciudadano, están emergiendo cada vez más *changemakers* locales. Algunos de ellos aprenden y luego expanden las ideas de los emprendedores sociales innovadores. A medida que tienen éxito local, dan alas al emprendedor cuya idea han desarrollado, animan a los vecinos para que también se conviertan en *changemakers*, y van construyendo poco a poco las instituciones y las actitudes que hacen del *changemaking* local algo progresivamente más sencillo y más respetado. Todo esto facilita las tareas que deberá afrontar la próxima generación de emprendedores sociales para conseguir un cambio de patrones real.

Este ciclo virtuoso catalizado por los emprendedores sociales innovadores y los *changemakers* locales es el principal motor que está moviendo el mundo hacia un futuro en el que «Todos somos *Changemakers*»©.

Los niños y los jóvenes

Bien, ¿qué sabemos de la velocidad y la naturaleza del cambio? Porque ésta es una cuestión importante para comprender dónde vamos. Pues lo primero que sabemos es que la velocidad de cambio –la velocidad a la que crece el cambio– es logarítmica (y lo mismo en relación con su complejidad y la multiplicidad de fuentes). Por tanto, si pensamos hasta qué punto son distintas las necesidades de educación de los alumnos de cuarto de primaria actuales comparado con los de la década de 1940 o 1950, deberíamos multiplicar esa diferencia varias veces para saber las necesidades dentro de 10 o 15 años.

Por consiguiente, sí vale la pena centrarse en el tipo de habilidades que necesitarán los jóvenes.

–Lo que hemos aprendido es bastante sencillo –explica Bill Drayton–: necesitan saber matemáticas y las otras materias, esto sigue igual, pero también necesitan algo más, porque sabemos que el contenido del conocimiento cambiará. Creo que podemos predecir sin temor a equivocarnos que enseñar a enfrentarse al futuro sólo armados con el conocimiento, es hacer un flaco favor a los niños.

Sabemos que los niños y los jóvenes que han adquirido habilidades sociales tienen mejores resultados en los exámenes. Y si se organizan las clases de manera que les permitan ir adquiriendo estas habilidades, y se consigue que lo hagan, la clase se convierte cada vez más en un equipo que aprende, algo que sabemos que es mucho mejor que el maestro impartiendo su clase al estilo tradicional. Los niños involucrados en actividades extracurriculares tienen mejores resultados académicos; es un hecho demostrado.

–No se trata de que abandones el intento de convertirte en un promotor e impulsor de este nuevo futuro –asegura Bill–, pero tampoco quiero dar a entender que sea una tarea fácil. Ya se sabe que cuando se introduce un cambio en el marco de referencia, las cosas son complicadas.

Algunos padres interiorizarán la idea enseguida y la aplicarán. Lo que pretende Ashoka es describirles el mundo en el que viven los jóvenes. Y en el momento en que haya un par de padres con la misma visión (y los niños no opongan resistencia, aunque quizá carezcan de las habilidades necesarias), intuitivamente sabrán que estas habilidades son necesarias. Si alguien les ayuda a adquirirlas, y realmente las respetan y las utilizan, dispondrán de los elementos para la transición, porque estarán cambiando el patrón de las relaciones, del poder y del respeto por todos.

–Permíteme que recuerde que es muy importante que los jóvenes se den permiso a sí mismos para cambiar... –reflexiona Bill–. Y si quieres ayudar de verdad a tu hija, a tu hermano o a tu sobrina, en el momento en que diga: «Este aspecto del mundo no funciona demasiado bien», pregúntale: «¿Y cómo puedes solucionarlo?», «¿Por qué no te juntas con unos amigos para conseguirlo?». No olvides que cada vez que un joven dice: «No puedo» es en realidad una oportunidad para ayudarle a sortear a todas las personas que le dirán: «No, no puedes», asegurándole que «Sí, puedes. Puedes solucionar este problema».

Hace una pausa y añade:

–Pero no le expliques cómo hacerlo; puedes ayudarle mucho más mostrándole qué preguntas debería hacerse, con quién debería hablar y este tipo de cosas. Lo importante es que los padres enseñen a sus hijos que cuando alguien les diga: «No puedes», simplemente le ignoren.

5. Ejemplos inspiradores de emprendedores de Ashoka

Mary Gordon (Canadá)
Organización: Roots of Empathy

El programa de Mary Gordon, Roots of Empathy, está consiguiendo reducir las agresiones durante la infancia ayudando a los estudiantes a adquirir educación emocional y fomentando el desarrollo de la empatía. Se trata de un acercamiento en clase basado en pruebas para los niños desde el jardín de infancia hasta la adolescencia, que consiste en que uno de los padres y un bebé del vecindario visitan la clase durante el curso escolar. Un educador de Roots of Empathy entrena a los alumnos para que observen el desarrollo del niño y pongan etiquetas a sus sentimientos; ayudan a los niños a identificar y reflejar sus propios sentimientos y los de los demás.

En Canadá, donde empezó en 1996, el programa se imparte en inglés y francés, y llega a las zonas urbanas y rurales –incluso las más remotas y las de las comunidades indígenas–. El programa se ha lanzado con éxito en más de 14.000 clases canadienses. Algunos estudios preliminares han confirmado el éxito de la labor inicial de Mary para reducir las agresiones e incrementar la conducta prosocial. Tras haberlo implementado en todo Canadá, el modelo Roots of Empathy se ha puesto en marcha en la República de Irlanda, en Irlanda del Norte, Escocia, la isla de Man, Estados Unidos y Nueva Zelanda. Más de 373.000 niños de todo el mundo han pasado por el programa.

Canadá, junto con otros muchos países con una renta elevada, ha experimentado un aumento de las denuncias de violencia doméstica, abuso infantil, violencia juvenil y casos de *bullying*. Los pocos programas diseñados para impedir este tipo de violencia suelen fracasar porque se centran en las consecuencias en lugar de ofrecer vías alternativas para que las personas respondan a situaciones violentas o generadoras de estrés. La expansión del programa de Mary proporciona un abordaje poco convencional y muy necesario para enseñar a los niños las competencias emocionales necesarias para establecer relaciones fructíferas en la vida.

Para cumplir con la misión Roots of Empathy de construir una sociedad más preocupada por la paz y más civilizada incrementando los niveles de empatía de los niños y los adultos, Mary ha reconocido la necesidad de capacitar todas las áreas de la organización al tiempo que asegura la calidad de sus programas. Una de las estrategias que Mary está considerando es utilizar la ayuda de la tecnología para las intervenciones cara a cara entre mentores, entrenadores e instructores, lo que proporcionaría un apoyo constante y desarrollo profesional. Actualmente, un Instituto de Formación Virtual se encuentra en las primeras etapas de desarrollo, junto con la creación de vídeos que documenten las mejores prácticas. Mary también está tratando de diversificar su base financiera para depender menos de una única fuente, a través del gobierno y mediante alianzas con fundaciones. Finalmente, identificar el mejor modelo para replicar el programa más allá de las fronteras es una prioridad para su organización, y éste será el objetivo de Mary para el año próximo. Aumentando su capacidad y desarrollando estrategias para expandirse, Roots of Empathy será capaz de alcanzar a un número mayor de niños que sabrán responder a sus emociones de un modo saludable y constructivo.

Perfil personal

Texto preparado por Ashoka cuando Mary Gordon fue seleccionada para formar parte de la Red Ashoka en 2002

Mary pasó su infancia en Newfoundland, en el seno de una gran familia con una fuerte conciencia social. Recuerda que, en la mesa, sólo le dejaban hablar de ideas. «Tenías la sensación de que eras una ciudadana, –dice–, «y que eras afortunada por serlo.»

Tras graduarse en el Teacher's College en 1969, Mary trabajó en un jardín de infancia con la esperanza de poder tener un efecto positivo sobre la vida de los niños. En pocas semanas percibió que cualquier cambio real en la vida de un escolar acontece en el contexto familiar, y que ella, como maestra, aunque podía ejercer cierta influencia, no podía llegar a tener el poder que tienen los padres y la familia. Durante su cuarto día de clase, Mary empezó a trabajar para crear puentes entre la unidad familiar y el sistema educativo a partir de la integración de las familias en las aulas.

El interés creciente en el papel de la familia durante las primeras etapas del desarrollo cognitivo y afectivo la llevó a crear los primeros Parenting and Family Literacy Centers canadienses. Inicialmente, Mary convencía a los padres en la calle, en la lavandería o en algunas cenas, y logró que el programa fuese creciendo espectacularmente durante dos décadas. Al trabajar en las escuelas del cinturón más pobre de la ciudad, las que tenían la mayor tasa de abandono y de embarazos entre adolescentes, Mary se convirtió en el rostro de un programa que cosechó el reconocimiento internacional y que continúa sirviendo a millares de familias en Toronto.

Uno de los mejores ejemplos de la creatividad emprendedora de Mary es cómo solucionó el problema de encontrar libros útiles para los niños de las familias que iban a los centros y no hablaban inglés. Siempre que Mary cogía un taxi, pedía al conductor que le tradujese el libro en su idioma nativo; los conductores iban traduciendo cuando los semáforos estaban en rojo mientras Mary contemplaba la calle. De este modo, Mary consiguió traducir una docena de libros para niños a 12 idiomas. Copiaba la traducción en los libros y los prestaba a las familias de inmigrantes que iban a los centros de alfabetización, de modo que en las pruebas de ingreso a la escuela se detectó un incremento espectacular de los niveles de alfabetización.

En 1996, Mary utilizó su experiencia de llevar a los padres a las escuelas tanto para abordar el problema social de la creciente agresividad, como para proporcionar un nuevo punto de referencia a los niños que carecían de un verdadero modelo familiar; esto fue, también, el marco para sus acciones futuras. Pocas semanas más tarde, escribió un borrador del currículo inicial de Roots of Empathy y empezó a hacer pruebas piloto del programa en dos escuelas. En el año 2000, Mary dejó su trabajo en Parenting Centers y en el Toronto Board of Education a sólo dos años de una buena pensión de jubilación –y estableció por su cuenta Roots of Empathy como una organización nacional e internacional.

Jeroo Billimoria (India)
Organización: Aflatoun

Jeroo Billimoria dirige un movimiento de finanzas para niños que los capacita tanto desde el punto financiero como social. La organización Aflatoun educa a niños de 6 a 14 años en el uso de las finanzas; construido sobre esta organización, el programa ChildFinance da acceso a millones de niños a servicios y productos financieros. Jeroo cree que si se da un conocimiento básico sobre el proceso de toma de decisiones responsable a los niños, combinado con experiencia práctica, será posible cambiar la percepción, el acceso y la manera en la que toda una generación maneja el dinero. Estos valores serán arrastrados hasta su vida adulta y, finalmente, romperán el ciclo de pobreza y las desigualdades sociales. Aflatoun brinda a los niños un papel activo en el proceso de aprendizaje mediante clubs de ahorro en la escuela y actividades en grupo en la comunidad. Su éxito en varios continentes se debe a la capacidad del programa para adaptarse a las distintas realidades locales. Desde su lanzamiento en 2005 como una red piloto en diez países coordinada desde Ámsterdam, Aflatoun ha expandido sus actividades a través de alianzas y socios hasta llegar a 31 países y más de 540.000 niños.

Ahora está empezando en Egipto y existen planes similares para Brasil, Uganda, Kenya y Ghana. En los próximos diez años, Jeroo tiene como objetivo que ChildFinance llegue a 100 países gracias al apoyo del marco educativo de Aflatoun e interrelacionándolo con acceso a productos y servicios financieros. Jeroo visualiza una reforma bancaria en todos los continentes que permitiría que los niños tuviesen cuentas de ahorro seguras, y capacitarlos para utilizar la tecnología para aumentar las oportunidades financieras. Con el fin de incrementar el movimiento, construirá una red global de socios de los sectores social, industrial, financiero y gubernamental, que asegurarán que los proyectos cubren sus necesidades locales. En la actualidad, Aflatoun tiene el apoyo del gobierno holandés y de la Fundación Skoll aunque, para asegurar el financiamiento futuro, planifica conversar con gobiernos y fundaciones genuinamente interesadas en la idea de ChildFinance. A medida que la red de finanzas para niños va creciendo, Jeroo va incorporando a niños como agentes para el cambio social y financiero, permitiéndoles que tomen parte para forjar de manera positiva su propio futuro.

Antes de Aflatoun, Jeroo fundó Childline, el «Teléfono de la Infancia», un servicio telefónico gratuito –24 horas al día– que facilita el acceso de los niños de la calle en la India a una gran red de organizaciones de apoyo a la infancia. Dirigido por los propios niños de la calle, Childline ha utilizado un modelo de franquicia social con el que ha conseguido reproducir su idea en 65 ciudades en la India y responder a más de 6 millones de llamadas. Además, Jeroo fundó Childline Internacional, la red global de líneas telefónicas de ayuda a la infancia que trabajan para proteger los derechos de los niños. En diciembre de 2010, esta red tenía 147 miembros asociados de 133 países. Su objetivo general es reforzar las líneas de ayuda para niños existentes ofreciéndoles una plataforma para comunicarse, una red para compartir sus conocimientos con otras líneas de ayuda a niños y con quienes diseñan las políticas para la infancia.

Perfil personal

Texto preparado por Ashoka cuando Jeroo Billimoria fue seleccionada para formar parte de la Red Ashoka en 1998

Jeroo nació en Mumbay, en el seno de una familia de contables colegiados. Su madre influyó en Jeroo transmitiéndole valores firmes y preparándola para la profesión que más tarde estudiaría. Sus estudios de Magisterio en el Tata Institute of Social Sciences (TISS) le dieron a Jeroo habilidades sociales sólidas y un alto patrón de profesionalidad. Sin embargo, fue la muerte de su padre el hecho que desvió a Jeroo de la profesión familiar.

«Mi padre era un filántropo que no hacía ostentación de ello. Cuando murió, siendo aún joven, en la calle se formaron largas colas de personas que vinieron para mostrarle su respeto. Ni siquiera mi madre sabía que les había estado ayudando durante años; se enteró cuando él murió», explica Jeroo.

En aquel momento tenía 18 años. En lugar de empezar su formación como contable, se matriculó en el TISS para realizar un curso de posgrado como asistenta social.

El tiempo que pasó en la universidad la deprimió. «Vi condescendencia y actitudes muy duras por todas partes. Tenía que ver con la tendencia que las personas del sector del desarrollo tienen en este país: hablan en tono paternalista», explica. También quedó consternada por la falta de profesionalidad del sector. Sin embargo, no se rindió y se fue a Nueva York durante dos años para hacer un curso sobre gestión de organizaciones sin ánimo de lucro en la New School for Social Research. Allí tuvo la oportunidad de unirse a la Coalition for the Homeless, impulsada por Robert Hayes.

Esa experiencia cambió la vida de Jeroo. «Me proporcionó una visión más próxima del problema de las personas sin techo. Me sumergió en el dolor de sus vidas. Y comprobé su espíritu de supervivencia», recuerda. Cuando regresó a la

India, viajó mucho y creó Unnati, un centro sin ánimo de lucro para la rehabilitación de los niños de la calle. Sin embargo, no funcionó porque «el clima para formar redes entre las ONG todavía no era el adecuado», justifica Jeroo. Unos años más tarde surgió Childline. Jeroo también creó Meljol: Hum Bachchon Ka, una organización que pretende ser un movimiento dirigido y llevado por niños.

Felipe Vergara (Colombia / Miami)
Organización: Lumni

Tras reconocer la necesidad de un sistema eficiente que financie la enseñanza superior, Felipe Vergara está introduciendo contratos de capital humano (un nuevo tipo de producto financiero) para atraer al capital hacia el sector de la enseñanza superior.

El capital humano –la suma total de destrezas, habilidades y conocimiento disponible en una sociedad– conlleva crecimiento económico, desarrollo y potencial individual. Cada año, en los países en desarrollo millones de estudiantes prometedores finalizan su etapa de formación por falta de recursos para seguir yendo a la escuela. Este problema es especialmente llamativo a nivel universitario, donde los costes se incrementan notablemente más allá de lo que se requiere para sustentar a un estudiante en el sistema público de educación. La mayoría de los estudiantes disponen de escasos recursos aparte de la contribución de sus familias. Como resultado de ello, quienes prosiguen la enseñanza universitaria son, sobre todo, la élite económica, porque tienen capacidad para pagar la matrícula y las cuotas.

Este hueco en la financiación de la enseñanza se origina en un fallo del mercado. Un reciente estudio del Banco Americano para el Desarrollo concluyó que los licenciados universitarios de América Latina ganan un 200 % más que sus contrapartes sin estudios universitarios.

Los mecanismos tradicionales para financiar la enseñanza universitaria no han conseguido cerrar esta brecha. Muchos países han resuelto el dilema del financiamiento a través de canales públicos. En Estados Unidos, por ejemplo, existe un sistema de préstamos subsidiados institucionalizado en la década de 1960; sin embargo, el negocio de subsidiar préstamos para la educación es caro. En los países en desarrollo especialmente, esto limita de manera estricta disponer de financiación. Las becas, por mérito o en función de las necesidades, son todavía más costosas para quien las da, tanto si es una entidad privada como un organismo público.

Hasta el momento actual, la mayoría de los intentos para aumentar la enseñanza universal se basan en movilizar recursos adicionales para becas o financiación de centros mediante canales públicos o programas de ayuda. Han surgido pocas soluciones sistémicas creativas.

Felipe aplica un principio sencillo al campo de la financiación de la enseñanza: los beneficios atraen al capital. A través de Lumni, Felipe está gestionando los primeros fondos de inversión en enseñanza rentables; el proceso se está experimentando y refinando. Demostrar la viabilidad de las herramientas, permitirá a otros grupos llevar a cabo acciones similares.

La piedra angular de la innovación de Felipe, el «contrato de capital humano», elimina los riesgos disuasorios de la inversión privada tanto para los estudiantes como para los inversores. A cambio de financiar la enseñanza, estos acuerdos, que son legalmente vinculantes, obligan al estudiante a pagar una proporción fija de sus ingresos durante un número de meses predeterminado tras su graduación. Para los estudiantes, los contratos de capital humano cubren tanto la necesidad colateral como la amenaza de la deuda onerosa asociada con los préstamos tradicionales. El efecto hace que el desempleo y la baja tasa de empleo no sean tan malos, pero también permite que los estudiantes persigan sus sueños, tanto si son sueños de éxito empresarial, de una carrera como emprendedor, o como contribución al bien social. Desde el punto de vista de los inversores, esencialmente permiten la compra de participaciones de equidad sobre el éxito financiero del estudiante cuando se haya licenciado.

Lumni opera como un nodo, y facilita oportunidades financieras del tipo ganador-ganador entre universidades, inversores privados y estudiantes. Hasta el momento, Lumni se encuentra en fase de diseño o puesta en marcha para 10 fondos de Chile, Colombia, México y Estados Unidos. Mediante este esfuerzo global, Felipe está trabajando para demostrar el potencial de los fondos basados en el CCH para transformar la enseñanza en todo el mundo.

Al hacerlo, reconoce que su tarea más importante también es lo fundamental de su propuesta: demostrar que los fondos basados en CCH pueden devolver a los inversores un retorno de la inversión adecuadamente ajustado según el riesgo. Felipe cree que estos fondos pueden tomar innumerables formas, pueden financiar todas las áreas de desarrollo del capital humano y es posible que formen una alianza creativa con las universidades y otras instituciones.

Perfil personal

Texto preparado por Ashoka cuando Felipe Vergara fue seleccionado para formar parte de la Red Ashoka en 2006

Felipe cree en sí mismo a partir de su asombroso sentido sobre el futuro, una premonición de lo que se convertirá en algo importante y una fuerza emprendedora para actuar en este sentido. En su juventud, antes de que el movimiento ecologista hubiese llegado a su Colombia natal, Felipe sintió una preocupación profunda ante la deforestación de los montes que rodean Bogotá y la contaminación que iba acumulándose progresivamente sobre la ciudad. Además, simpatizante de la apremiante situación de las personas que reciclan en las calles de la capital, organizó un programa de reciclaje mientras estudiaba en el instituto, convenciendo a los vecindarios para que separasen sus residuos. Más adelante, ya en la universidad, Felipe complementó sus estudios de Ingeniería Industrial con un programa de reciclaje industrial más complejo, trabajando conjuntamente con algunas empresas alrededor de Bogotá con el fin de que mejorasen sus prácticas medioambientales. Muy temprano, también reconoció que los idiomas podrían llevarle algún día a lugares donde el castellano no le podría abrir puertas. Fascinado ante este potencial, empezó a estudiar francés al tiempo que él mismo enseñaba otros idiomas. Hoy en día, habla con fluidez seis idiomas.

Pero los idiomas no eran el único interés de Felipe. Cuando era un joven estudiante, se enamoró de la propia idea de la enseñanza, capacidad que le sirvió para expandir su propia mente, para ver más allá de su mundo, para aprender. Cuando su familia empezó a pasar por graves dificultades, la educación, que le había parecido su derecho durante tantos años, se convirtió en un privilegio por el que tanto él como su familia tenían que luchar. A Felipe le golpeó la naturaleza arbitraria del acceso a la enseñanza en Colombia y, durante un tiempo que todavía recuerda bien, lo absurdo de la jerarquía social de su país.

Durante sus primeros años después de terminar la universidad, Felipe trabajó en Francia y en Brasil, antes de regresar a Colombia, donde logró un empleo fijo en un prestigioso banco nacional donde asesoraba a grandes empresas. Se sentía comprometido con su trabajo, pero se vio asimismo interesado por las pequeñas empresas que quedaban fuera del ámbito de su trabajo corporativo. Por un lado, Felipe empezó siendo consultor para un pequeño diseñador de ropa que estaba al borde de la bancarrota, pero que soñaba con exportar sus productos. Seis meses después, Felipe había estabilizado la empresa y había añadido una pequeña panificadora a su agenda de trabajo. Poco tiempo después, fue un fabricante de prensas hidráulicas. En contra de todos los consejos que le dieron, a los 25 años, Felipe abandonó su empleo en el banco y creó el Taller de Estrategia para poder hacer de consultor a empresas medianas sobre estrategias de negocio en la Región Andina en un momento en el que sólo las grandes empresas operaban a nivel regional. A mitad de 1997, el Taller de Estrategia asesoraba a empresas, instituciones y gobiernos municipales de Colombia, Ecuador y Venezuela. Tenía cuatro socios, una plantilla de 15 personas ya había participado en más de 50 proyectos en las áreas de asesoría financiera y estratégica y capacitación organizativa.

Buscando conocimientos adicionales, Felipe postuló para una plaza en la Wharton School of Business, y allí obtuvo mucho más que un MBA; fue allí donde conoció a la que sería su esposa, una mujer peruana que también se encontraba en la escuela de negocios. Al año siguiente aceptó un trabajo en McKinsey & Company en Nueva York pero, de nuevo, se vio empujado por el entorno corporativo hacia la aventura de iniciar y desarrollar una pequeña empresa. Dos años más tarde, lanzó Lumni y Primera, una pequeña escuela de idiomas con sucursales en Nueva York y Miami, su hogar actual, para disponer de ingresos mientras se centraba en Lumni.

Actualmente, Felipe sigue atraído por su amor hacia la creatividad. Cree que tardará toda la vida en lograr transformar el sector que financia la enseñanza, y está dedicado en cuerpo y alma a este objetivo.

Bright Simons (Ghana)
Organizaciones: mPedigree y Globalizer

Bright Simons protege a los consumidores frente a los medicamentos falsificados. Su nueva tecnología (mPedigree) permite a los compradores verificar la autenticidad de los medicamentos de manera gratuita solo mandando un mensaje de texto con un código único que se encuentra en el producto. Este innovador sistema mejora e incluso salva la vida de las personas con menos recursos, que son las más vulnerables a las cadenas de suministro inseguras, de modo que aumenta la confianza en el sistema de salud. En su modelo, las empresas farmacéuticas imprimen códigos especiales en el envase de los medicamentos, que se graban en una base de datos de la organización. Directamente desde el punto de compra, los consumidores rascan un recuadro para mostrar el código y mandarlo en un mensaje de texto gratuito a un número universal. Las solicitudes se dirigen a los servidores de mPedigree y los consumidores reciben una respuesta inmediata que permite autentificar su compra. Mediante este sistema sencillo y amigable, mPedigree puede implantarse en zonas con un bajo grado de alfabetización y escasa capacidad técnica.

Bright lanzó mPedigree en Ghana, su país natal, en 2007; luego lo expandió a Nigeria, Kenya y Ruanda. La incorporación de este sistema al programa nacional de control de calidad de Nigeria (y, muy pronto, de otros países), es una muestra de su éxito a nivel regional. Actualmente, Bright está a punto para expandir su modelo por África y, globalmente, en India, Bangladesh, Filipinas, Vietnam, Camboya y Sri Lanka durante los próximos tres años, junto con programas piloto adicionales en Sudamérica y Oriente Medio. Desea crear un modelo global en el que cada lugar tenga una alianza público-privada para gestionar sus operaciones, de forma que las decisiones técnicas clave puedan ser supervisadas y centralizadas por el mPedigree Global Board. Bright trabajará conjuntamente con las multinacionales para etiquetar sus productos con códigos mPedigree. También tiene avanzadas las conversaciones con una de las mayores fundaciones del mundo, responsable de proporcionar millones de dólares en medicamentos para África y los países en desarrollo, así como con industrias logísticas y tecnológicas de Fortune 500. Mediante la puesta en marcha de mPedigree, Bright no sólo mejora la calidad de los sistemas de salud de todo el mundo, sino que también salva centenares de vidas al luchar contra los medicamentos falsificados.

Perfil personal

Texto preparado por Ashoka cuando Bright Simons fue seleccionado para formar parte de la Red Ashoka en 2008

Bright creció rodeado de dos padres emprendedores que lograron tener una vida digna durante la reconstrucción económica de Ghana entre la década de 1980 y la de 1990. Bright aprendió temprano el valor de las habilidades de emprendedor que veía. Tras un problema de salud mientras estudiaba en el instituto, se dio cuenta del gran mundo que le rodeaba y, durante la recuperación, se dedicó a utilizar sus habilidades para capacitar a las personas que estaban junto a él.

Recibió una beca que le llevó hasta Europa para estudiar Astrofísica, pero aprendió rápidamente que ese campo le ofrecía pocas oportunidades para lograr el tipo de cambio que quería llevar al mundo y a las personas de su Ghana natal. Tras cambiar de objetivo principal, inició conversaciones con sus compatriotas Ghanaians on Diaspora para encontrar qué podían hacer para mejorar su país desde una perspectiva de emprendimiento y sostenibilidad.

Estas discusiones condujeron al desarrollo de su primera idea para aumentar la capacidad de los ganaderos de ganar más dinero abriendo nuevos mercados. La idea era hacerles proveedores de productos orgánicos de grandes cadenas de supermercados, primero del Reino Unido y, luego, de Europa. La investigación que llevaron a cabo para mantener los estándares, finalmente llevó al grupo a desarrollar un sistema para identificar y certificar los productos de unas cuantas granjas mediante SMS. Más adelante, Bright adaptó este sistema para mPedigree.

Caroline Casey (Irlanda)
Organización: Kanchi

Caroline Casey crea una cultura de inclusión entre empresas proporcionando a sus líderes la oportunidad de captar como empleados, clientes y miembros de la comunidad a personas con discapacidades. Su organización, Kanchi, desarrolla soluciones para empresas centradas en «el caso de la discapacidad», creando un estándar de buenas prácticas de contratación y pasando de un modelo deficitario a uno con valor añadido. Caroline, que a los 17 años descubrió que era legalmente ciega, cree que promocionar el liderazgo de empresas no sólo conllevará un cambio positivo en el mercado de trabajo, sino en la sociedad en general. Para diseminar su idea innovadora, Kanchi creó los Ability Awards, con el patrocinador irlandés O2, que trabaja conjuntamente con las empresas para transformar sus prácticas y premia a compañías, agencias estatales y organismos públicos que reconocen el importante papel que juegan las personas discapacitadas en el mercado de trabajo. Su lanzamiento en 2004 supuso el primer esquema de premios de este tipo para llamar la atención sobre las numerosas contribuciones positivas que los discapacitados hacen al mundo empresarial, tanto como clientes como en calidad de trabajadores o ciudadanos. La ceremonia de los premios tiene el apoyo de una campaña de comunicación de alto nivel que constituye el medio principal a través del que Kanchi promueve su causa.

En la actualidad hay un centenar de empresas de Irlanda que han sido galardonadas con un Ability Award, y han convertido los O2 Ability Awards de Kanchi en la primera franquicia social internacional irlandesa. En el mundo viven la abrumadora cifra de 650 millones de personas discapacitadas, la mayoría de ellas todavía con escasa formación y desempleadas; por este motivo, Casey ve la necesidad de que su modelo empresarial adquiera una dimensión global. Mediante una alianza con Telefónica (la segunda compañía de comunicaciones del mundo), recientemente se ha desarrollado el primer modelo internacional de franquicia de los Ability Awards, lanzado en forma piloto en Madrid en enero de 2010. Con el éxito proyectado, Casey espera poder continuar la alianza de Kanchi con Telefónica para poder llevar los premios a varios de los 38 países donde opera la compañía. Cuando se haya instaurado en dichos países, se cargará una cuota de franquicia a la organización que ponga en marcha el proceso de certificación completo. La cuota se dedicará en parte a la capacitación y la consultoría por parte de Kanchi con el fin de asegurar un estándar de excelencia entre las franquicias. Casey fundó los Ability Awards mediante un modelo de alianza de cuatro vías, con empresas, medios de comunicación, agencias gubernamentales y filántropos. Buscará un método de financiación para capital de inversión social similar para escalar los Ability Awards. Al crear una comunidad internacional de empresas galardonadas, progresivamente se establecerán actitudes y prácticas entre las empresas, lo que conducirá a una transformación positiva de la percepción de las personas discapacitadas por parte de la sociedad.

Perfil personal
Texto preparado por Ashoka cuando Caroline Casey fue seleccionada para formar parte de la Red Ashoka en 2006

Caroline es una triunfadora enérgica y cordial que pasó la infancia en Dublín con la idea de que todos los niños con gafas son patosos. Caroline supo que era una discapacitada visual considerada legalmente ciega el día que cumplió 17 años y después de que sus padres le regalasen unas clases en la autoescuela. Para evitar etiquetas o restricciones en su capacidad, sus padres no revelaron esta información. Durante los siguientes 11 años, Caroline luchaba para aceptar su discapacidad y raramente la revelaba a los demás. Era una estudiante óptima, sobresalió en la universidad, viajó mucho, a los 22 años fundó una empresa de arquitectura paisajística y hortícola, y finalmente empezó una carrera de éxito como consultora de Accenture. Cuando tenía 28 años ya le resultaba imposible esconder su discapacidad, y a Caroline se le torcieron las cosas en Accenture: un duro golpe para una gran trabajadora segura de sí misma. Al mismo tiempo, Caroline reunió todo su valor y se embarcó en su sueño de toda la vida: cruzar la India a lomos de un elefante.

Al darse cuenta de que esta aventura podía ser una buena herramienta para buscar financiación, en 2000 creó The Aisling Foundation como vehículo de las 250.000 libras irlandesas que se había puesto como objetivo conseguir para varias organizaciones de discapacitados. El muro con el que Caroline se topó en Accenture, junto con las dificultades que encontró al tratar de convencer a empresas para que financiasen a grupos de discapacitados, fueron algunas de las barreras que procuró romper.

Pocas semanas antes de emprender su viaje, Caroline había reunido 67.000 libras irlandesas, pero con el apoyo de su padre, un emprendedor, Caroline abandonó Accenture para dedicarse a perseguir su sueño a tiempo completo. La aparición en un programa de televisión nacional en hora punta le salvó el día porque le sirvió de presentación y le proporcionó acceso a los líderes empresariales. Su agenda se amplió y pasó a buscar fondos únicamente para promover la capacidad y las aptitudes de las personas discapacitadas. Mediante estas conversaciones, Caroline se dio cuenta de su habilidad comunicativa y motivadora. Su historia, sincera y alentadora, logró recaudar 480.000 libras irlandesas cuando emprendió el viaje de 1.000 kilómetros que iba a ser agotador tanto física como mentalmente. Sin embargo, a pesar de importantes obstáculos, Caroline se convirtió en la primera mujer occidental en tener el título de *elephant mahout*. Regresaba con un perfil en los medios de comunicación de personaje inspirador, y las expectativas eran abrumadoras. Sin embargo, cuando promocionaba el potencial de las personas con discapacidad, sencillamente no podía fallar. En 2001, Caroline organizó su primera conferencia sobre la capacidad de las personas dirigida a líderes políticos y empresariales.

De niña, Caroline aprendió la afirmación positiva: reconocer las reacciones de las personas para saber cómo llegaban a ser de asombrosas. Como se dice, «atrapas más abejas con un tarro de miel que en un plato con vinagre.» Ésta es una de las bases fundamentales que hay detrás del éxito de The Ability Awards; combinada con una determinación de acero, Caroline ha establecido con éxito un punto de referencia nacional e internacional para la promoción de la capacidad de los discapacitados. Los logros de Caroline han sido reconocidos en todo el mundo por parte de numerosas organizaciones. Recientemente, Caroline se convirtió en la primera persona de Irlanda en ser nombrada entre los Young Global Leaders del World Economic Forum, así como la primera emprendedora social irlandesa que ha recibido la Eisenhower Fellowship.

«Creo que soy más afortunada que la mayoría, me hicieron creer que podía.» Caroline Casey

Fabio Rosa (Brasil)
Organizaciones: Instituto para o Desenvolvimento de Energias Alternativas e da Auto Sustentabilidade (IDEAAS) y Agroeletro Sistema de Tecnologia Adequada (STA)

Actualmente, 2.000 millones de personas de todo el mundo viven sin electricidad. Llevar la electricidad a las zonas rurales remotas del planeta no sólo transformaría la economía, sino que transformaría la educación, la atención a la salud, la producción agrícola y el modo de ganarse la vida. Durante 20 años, Fabio Rosa ha sido el pionero en proporcionar electricidad a cientos de miles de brasileños pobres que viven en el campo, al establecer el estándar de la transmisión de electricidad a bajo precio, lo que ha reducido el coste para el consumidor en un 90 %.

Influido por el trabajo de Fabio, el presidente Lula anunció el programa «Electricidad para todos», por el cual todos los brasileños tendrían que tener acceso a la energía eléctrica en el año 2015.

Inicialmente, Fabio trabajó con compañías estatales de electricidad para diseminar su sistema de distribución a un millón de personas con ingresos bajos; cuando las empresas se privatizaron en la década de 1990, dejaron de apoyar el sistema alternativo de Fabio. Entonces él respondió con una alianza comercial –sin ánimo de lucro (STA e IDEAAS)– para proporcionar soluciones asequibles basadas en el uso de energía solar al mismo mercado que no tenía acceso a la electricidad mediante un innovador modelo de *microleasing*, atendiendo así a cuestiones como la economía sostenible y el desarrollo ambiental sostenible.

STA proporciona a los clientes rurales servicios eléctricos además de paneles solares. El programa «Electricidad Ahora» ofrece un paquete de alquiler financiado en su totalidad. El kit solar doméstico básico incluye cuatro luces fluorescentes, un enchufe de 12V, el cable necesario, una batería y un panel, así como el cambio gratuito de la batería al cabo de tres años de uso. También hay dos versiones superiores, con posibilidad de conectar una televisión pequeña, una radio o una bomba de agua, y un cargador de teléfono móvil. El alquiler del paquete básico cuesta 10 dólares al mes (la misma cantidad que las personas gastan en energías no renovables), además de una cuota de instalación de 150 dólares que pueden financiar durante los primeros 12 meses del alquiler. A partir de un estudio de mercado que demostró que sólo el 70 % de la población que estaba fuera de la red de suministro podía pagar los servicios de energía solar de STA, lanzó el proyecto Quirón como parte de IDEAAS con la finalidad de acercarse al 30 % más pobre. Este proyecto integrado tiene por objetivo aumentar los ingresos locales proporcionando energía solar a los hogares rurales, aumentando así la producción agrícola mediante microtecnologías y cercas electrónicas, y poniendo en marcha estrategias de conservación de la naturaleza rentables como la gestión sostenible de las zonas selváticas y la agricultura orgánica.

Con su proyecto inicial, Fabio ayudó a llevar electricidad a 42 municipios y 25.000 hogares. En 1996, el estado de São Paulo inició un proyecto de 240 millones de dólares para replicar este modelo y proporcionar electricidad a un millón de personas. Dos años después de la implementación del proyecto, uno de cada tres beneficiarios había regresado de la ciudad para seguir viviendo en su antigua zona rural a causa del crecimiento del nivel de vida y de las nuevas oportunidades de empleo generadas por la llegada de la electricidad. La mitad de los beneficiarios habían comprado bombas de agua y, al irrigar sus cosechas, pudieron aumentar sus ingresos un 400 % durante el primer año. Un 70 % instaló duchas eléctricas, un 83 % compró neveras y un 80 % tenía televisión. Más allá del impacto económico y cualitativo sobre la vida de las personas, la energía solar elimina el riesgo de la iluminación peligrosa e insalubre y reduce las emisiones de carbono.

Perfil personal

Texto preparado por Ashoka cuando Fabio Rosa fue seleccionado para formar parte de la Red Ashoka en 1989

Fabio estudió en un colegio de jesuitas, donde desarrolló su creencia de que las personas tienen una responsabilidad hacia sus conciudadanos. Fabio estudió Agronomía y el nuevo gobierno de Palmares do Sul le invitó a ser el primer secretario de agricultura de la ciudad. Fabio percibió enseguida la importancia de la electricidad para los residentes del lugar y revisó el proceso de migración del campo a la ciudad.

Su proyecto fue el modelo para poner en marcha los proyectos de electrificación rural de bajo coste que utilizó el National Bank for Economic and Social Development, y lo está extendiendo por Argentina, Paraguay, Uruguay y Sudáfrica. Fabio también recibió numerosos premios, incluyendo el Tech Museum of Innovation Award y el The World Technology Award. Actualmente es el presidente de RENOVE – la red brasileña de ONG para la energía renovable.

Albina Ruiz (Perú)
Organización: Healthy City Group (HCG)

El Healthy City Group (HCG) de Albina trabaja en los sectores público y privado de América Latina y del Sur de Asia para poner en marcha un modelo global de gestión de residuos sólidos que incorpora recolectores de residuos informales en los colectores municipales. Con un modelo que ha demostrado mejorar drásticamente el sustento de los recolectores de basura y las condiciones de vida de sus comunidades, Healthy City Group está preparado para expandirse por todo el planeta.

Hace 35 años, Albina se fue a visitar las empresas locales con una idea para recoger y procesar basura: cargar cuotas asequibles, reducir el volumen de residuos en los vertederos municipales y generar más ingresos separando los restos reciclables, creando microempresas adicionales para producir compostaje y otros productos secundarios comercializables. Después de estar 15 años promoviendo su idea mientras trabajaba como consultora en municipios, industrias y algunos proyectos de desarrollo internacionales, en 2001 fundó la organización sin ánimo de lucro Healthy City. Hasta hoy, Healthy City ha organizado más de 1.500 colectores de residuos, ha creado empleo y ha mejorado la salud y las condiciones de vida de más de seis millones de personas que viven en regiones rurales o zonas urbanas pobres de Bolivia, Brasil, Colombia, México, Perú, Venezuela y la India. Durante los últimos años, Healthy City Group también ha establecido dos organizaciones para mejorar la sostenibilidad y el escalado de su misión: Peru Waste Innovation (PWI), una empresa social que proporciona servicios de consultoría en gestión de residuos sólidos, y Healthy Cities International (HCI), una fundación que se encarga de replicar el modelo HCG por todo el mundo.

La eliminación de residuos sólidos es uno de los problemas de gestión y salud pública más acuciantes del mundo. La incompetencia de los servicios de gestión de residuos sólidos del sector público y la consiguiente acumulación de grandes montañas de basura y otras formas de desechos en las zonas urbanas supone un riesgo creciente. A partir del éxito de su iniciativa actual, los programas de Albina tienen el potencial de operar a escala todavía mayor, y proporcionar comunidades limpias para muchos millones de personas en todo el mundo.

Albina y Healthy City Group están iniciando una estrategia de crecimiento agresivo para consolidar su modelo en 2015 y expandirlo en otros países y regiones que tengan capacidad para ponerlo en marcha. Basado en su poder de diálogo, HCG desea establecer y reforzar alianzas con varios actores públicos y privados, asociaciones de reciclaje, gobiernos municipales, autoridades nacionales y empresas privadas. El próximo año, Albina piensa optimizar las sinergias institucionales de HCG compartiendo las mejores prácticas entre el personal, priorizando los valores de la organización, mejorando la capacidad del equipo profesional y generando economías de escala en gestión, formación, I+D y diseño y desarrollo de proyectos. La pieza final del plan de HCG es centrarse en políticas públicas influyentes de los países donde operan para replicar su modelo de inclusión social y económica. Mediante la promoción de sistemas de gestión ambiental sostenible, HCG y Albina están construyendo ciudades más saludables y mejorando la calidad de vida de sus ciudadanos.

Perfil personal

Texto preparado por Ashoka cuando Albina Ruiz fue seleccionada para formar parte de la Red Ashoka en 1995

Cuando cursaba Ingeniería Industrial en la Universidad Nacional de Ingeniería de Lima, Albina escribió una tesis sobre microempresas y salud ambiental en el Cono Norte de Lima. Siendo estudiante, también organizó campañas de limpieza de los ríos de Lima patrocinadas por la universidad.

Más recientemente, Albina ha publicado varios artículos y libros sobre prevención del cólera, limpieza de los municipios, servicios públicos y medio ambiente, y manuales de reciclaje y compostaje. También ha hablado mucho en Perú y otros lugares sobre la organización y la puesta en marcha de los sistemas de eliminación de residuos sólidos, salud ambiental y organización comunitaria.

El proyecto en el que Albina está involucrada actualmente se fundamenta directamente en su tesis universitaria. No es sorprendente que mantenga su compromiso con la actividad «extracurricular» que le llamó la atención cuando era estudiante universitaria. Ahora, acompañada por su joven hija, es posible ver a menudo a Albina en las playas de Lima, implicada en otra campaña de «limpieza».

Jürgen Griesbeck (Alemania)
Organizaciones: Streetfootballworld –Globalizer 2010

Jürgen Griesbeck está impulsando el cambio social utilizando el fútbol como herramienta para involucrar a millones de jóvenes desfavorecidos. Creó Streetfootballworld, una gran red que une a 82 organizaciones ciudadanas de 54 países que utiliza el deporte para mejorar la vida de niños y jóvenes de entre 10 y 25 años. Jürgen cree que el fútbol proporciona un marco eficaz para establecer un conjunto de valores común y una plataforma de diálogo continuo, que son cruciales para facilitar cambios de conducta a largo plazo y para ayudar a que los jóvenes desarrollen las habilidades necesarias para llevar una vida sana y económicamente independiente. Esencial para su éxito, Streetfootballworld trabaja sobre el principio de que el cambio social se crea localmente, pero tiene que estar reforzado mediante la cooperación global. Las organizaciones que forman parte de la red están enraizadas en sus comunidades y comparten su conocimiento de las necesidades locales y los contextos culturales para crear soluciones sostenibles. Ya llegan a 1,5 millones de niños, concentrados sobre todo en África, Sudamérica y Europa, pero su alcance potencial estará determinado por la fuerza de la sociedad civil y la relevancia del fútbol en la comunidad. Ahora Jürgen piensa crear una cadena de valor global y replicable para lograr el cambio global a través del fútbol que llegue a 25 millones de niños y jóvenes de África, América, Europa, Oriente Medio y la India.

Recientemente, Jürgen ha puesto en marcha oficinas de coordinación regional en Sudáfrica, Argentina y Estados Unidos, y amplía constantemente recursos humanos substanciales para extender esta idea. El proceso de expansión supone crear nuevas alianzas estratégicas y trabajar continuamente con los aliados actuales, como Sony y Adidas, o el Inter-American Development Bank, que ofrecen experiencia en soluciones integradas o que tienen potencial para firmar convenios. La FIFA, el organismo que dirige el fútbol mundial, es un inversor y un aliado estratégico, que a través de Development through Football le dio visibilidad global en el Mundial de 2010. Además, Jürgen colabora con betterplace.org, dirigido por el emprendedor social de Ashoka Till Behnke, para crear un mercado global transparente que active la capacidad de cambio del fútbol a través de las personas, las empresas y las comunidades asociadas.

Perfil personal

Texto preparado por Ashoka cuando Jürgen Griesbeck fue seleccionado para formar parte de la Red Ashoka en 2007

Jürgen ha sido un entusiasta del deporte desde joven y siempre se ha sentido fascinado por sus efectos a nivel social. Estudió Educación Física en Colonia (Alemania) y Ciencias Sociales en Medellín (Colombia); en 1994 empezó a investigar como coordinador de «deporte y desarrollo local y erradicación de la pobreza» en las universidades de Colonia y Medellín, y escribió su tesina de máster sobre el tema «Problemas sociales contemporáneos».

El mismo año, su vida dio un vuelco cuando el futbolista colombiano Andrés Escobar fue asesinado tras marcar un autogol en el Mundial de la FIFA de 1994 que eliminó a Colombia de la competición en Estados Unidos. Escobar era amigo de la familia de su esposa, y Jürgen le conocía personalmente. Afectado por el asesinato, Jürgen empezó a explorar cómo podía utilizar la fuerza positiva del fútbol y el poder de los niños para cambiar y mejorar la sociedad. Tras haber creado dos organizaciones ciudadanas utilizando el fútbol para el cambio social en Colombia (contra la violencia) y en Alemania (contra el racismo), se dio cuenta de que sólo la visibilidad y el reconocimiento globales de ese campo y el establecimiento de puentes eficaces entre las organizaciones y las instituciones que las apoyan, permitirían unir esfuerzos para abordar retos comunes y superar las barreras estructurales de las organizaciones individuales.

Profundamente impresionado, se preguntó: «¿Cómo es posible que el fútbol, un juego basado en el espíritu de equipo y en la justicia, conduzca a un asesinato? El fútbol, ¿refleja el estado de la sociedad? ¿Cómo puede utilizarse el poder del fútbol de manera positiva?». Jürgen decidió demostrar que el fútbol tiene una capacidad ilimitada para unir a las personas y superar problemas; unir en lugar de separar. Inició su primer proyecto, Football for Peace, en una de las ciudades más peligrosas y violentas de la época, Medellín. Creía que si funcionaba allí, funcionaría en cualquier parte. En medio de una espiral de violencia que atenazaba la vida diaria de Medellín, tuvo éxito en poco tiempo, en contra de todo pronóstico. Quinientos equipos que incluían a más de 10.000 chicos y chicas estaban jugando mientras seguían los conflictos entre bandas. Los jóvenes aceptaron establecer reglas innovadoras como no drogas, no violencia, inclusión activa de las chicas, sin armas antes de entrar en el campo, sin árbitros, etc; y se comprometieron con esas normas. Poco después de haber empezado, incluso se obviaron las medidas de seguridad.

Tras Football for Peace, Jürgen desarrolló más esta aproximación para un contexto y un marco distintos, en Alemania. Alemania se enfrentaba a una nueva oleada de ataques xenófobos de la ultraderecha diez años después de la reunificación del país. En 2000, inició el proyecto Football for Tolerance en Brandenburg. La iniciativa buscaba integrar a los jóvenes desfavorecidos con los que eran propensos a la violencia, y utilizar el fútbol para mitigar las tendencias y acciones de la ultraderecha, sobre todo en la parte oriental de Alemania. A pesar de la resistencia inicial, Jürgen creó un modelo de éxito y lo puso en manos de los líderes locales. Decidió dedicarse a superar los retos estructurales que había padecido durante sus dos aventuras anteriores: la falta de campos de fútbol para el cambio social reconocidos e integrados globalmente.

Bart Weetjens (Tanzania)
Organización: APOPO

Las minas antipersona continúan destruyendo la vida de millones de personas año tras año. Bart Weetjens ha entrenado a ratas gigantes del género *Crycetomis* para detectar explosivos aun en cantidades muy pequeñas.

El último siglo ha sido testigo de numerosas guerras en África, Asia, Europa, América Central y Sudamérica y Oriente Medio. Durante estas guerras, se colocaron millones de minas antipersona y, mucho después del final de esas guerras, este legado mortal sigue matando a miles de personas. Según la Campaña Internacional para Prohibir las Minas Antipersona, aproximadamente hay 55 millones de minas sin explotar en 84 países y 8 áreas no reconocidas internacionalmente como estados independientes que provocan entre 10.000 y 20.000 accidentes al año.

Cada día, entre 40 y 50 personas mueren o son mutiladas por una mina; por otra parte, anualmente se colocan 40.000 nuevas minas en áreas conflictivas. En África, las minas antipersona matan, hieren o mutilan a más de 12.000 personas cada año. Veintiún países africanos viven el drama de las minas antipersona.

Aparte de esta escasa tecnología, este campo no ha visto demasiada innovación efectiva ni métodos de eliminación de minas a gran escala para cubrir la demanda. Con las técnicas actuales, se necesitarán 500 años para limpiar el mundo de minas antipersona.

La tecnología más barata, más rápida, a escala y eficiente de Bart se fundamenta en el sentido del olfato de una rata gigante africana, endémica del África Subsahariana. Bart forma equipos de tres personas entrenadas para desactivar minas y una rata amaestrada para detectarlas. A la población local le confían la formación de los recursos humanos de base; la tecnología no sólo proporciona puestos de trabajo para un grupo económicamente desfavorecido, sino que también reduce el riesgo de muerte y, hasta cierto punto, los costes del proceso de limpieza de las zonas minadas. Las actuales técnicas para eliminar minas no han logrado hacer frente a la demanda de servicios de eliminación de minas que resulten eficientes en coste y se puedan reproducir a una mayor escala en África, sobre todo porque dependen de expertos y el método es costoso. Al apoyarse en los recursos disponibles localmente, el modelo de Bart permite soluciones locales en las zonas afectadas por minas antipersona y las convierte en soluciones eficientes, escalables y, a largo plazo, promueven la competitividad en la eliminación de minas. Por tanto, su trabajo representa un cambio significativo en este campo para los países afectados por las minas antipersona, que dependían de la experiencia extranjera y, ahora, pueden pasar a tener el control del proceso de eliminación de minas.

Bart espera poder aplicar una aproximación similar a otros campos. Por ejemplo, está investigando el uso de ratas para diagnosticar la tuberculosis. Hasta el momento, sus pruebas han demostrado que dos ratas pueden analizar 320 muestras en 40 minutos (este mismo número de muestras requiere el trabajo de una jornada completa de ocho horas de dos técnicos especialistas). Bart también está buscando tecnologías más eficaces en el campo medioambiental con el fin de detectar contaminantes y toxinas, para la inspección de contenedores y paquetes o en el ámbito de la seguridad aduanera, aeroportuaria y en operaciones de rescate para hallar supervivientes en caso de desastres naturales.

Perfil personal

Texto preparado por Ashoka cuando Bart Weetjens fue seleccionado para formar parte de la Red Ashoka en 2006

El día que cumplió 9 años, a Bart Weetjens le regalaron un hámster. Este hecho marcó el comienzo de una larga fascinación por los roedores. Pasó una parte sustancial de su adolescencia criando hámsters, ratones y ratas, y vendiéndolos en tiendas de animales. También desarrolló el gusto por el armamento, hasta el punto de que prefería que le regalasen armas de juguete que otras cosas. Cuando tenía 14 años entró en la Escuela de Cadetes para aprender las habilidades castrenses, pero la abandonó sólo un año después, y esa experiencia le provocó una repulsión hacia la guerra o lo militar que ha durado toda su vida.

Tras graduarse como ingeniero de desarrollo de productos, diseñó una máquina sencilla para trillar la soja destinada a las zonas rurales de la República Democrática del Congo, su primera experiencia en África. Bart adquirió experiencia trabajando en industrias europeas, como por ejemplo diseñando autobuses en VANHOOL en Lier, Bélgica. También formó parte del equipo que desarrolló el concepto del escalón bajo para ayudar a que las personas discapacitadas pudiesen subir y bajar de los autobuses; este sistema se utiliza actualmente en todo el transporte público de Europa.

Puesto que deseaba utilizar sus conocimientos para beneficiar a las comunidades de África, inició un programa de intercambio entre estudiantes keniatas y belgas. Este programa fracasó, pero la presencia constante de historias sobre las víctimas africanas de las minas antipersona en los medios de comunicación belgas le hizo tener la idea de utilizar ratas como detectores de minas. A pesar de que no hubo ningún patrocinador que creyese en esta idea, encontró una mano amiga en uno de sus antiguos profesores en la Universidad de Amberes, donde se había graduado. Este profesor tenía contacto con la Sokoine University of Agriculture de Morogoro, Tanzania, «que tiene una alianza con la Universidad de Amberes», y fue allí donde APOPO finalmente halló un hogar desde donde HeroRATS inició una estrecha cooperación entre africanos y europeos.

Vera Cordeiro (Brasil)
Organizaciones: Renascer –Reforma del sistema de salud

Vera Cordeiro es una médico de Río de Janeiro que está trabajando para redefinir la atención sanitaria en Brasil. Cordeiro es la fundadora de la Associação Saúde Criança Renascer (Renacer: Asociación para la salud de los niños), el barco insignia de una red de organizaciones que lleva la atención sanitaria hasta los niños pobres que son dados de alta de los hospitales públicos.

Decenas de millones de brasileños viven en favelas urbanas que no tienen viviendas en condiciones, agua potable y alcantarillado adecuado. Millones de niños están afectados por la desnutrición crónica. Cordeiro fundó Renascer en 1991, mientras trabajaba en la sala de pediatría del Hospital da Lagoa, un hospital público de Río, porque no podía soportar ver a tantos niños que eran dados de alta y regresaban pocas semanas después, otra vez enfermos.

Desde la perspectiva de un médico, no tiene sentido que un hospital dé el alta a un niño sin recursos para que regrese a las chabolas sin ningún tipo de seguimiento. Pero actualmente ésta es la norma y Cordeiro trata de cambiarla. Para ella, la salud y las condiciones sociales son dos caras de la misma moneda. «El tratamiento hospitalario, tal como se lleva a cabo hoy en día, ignorando la pobreza y las condiciones de la familia, es un *falso* tratamiento», explica.

Hasta el momento, Cordeiro ha extendido su trabajo a 14 hospitales públicos de Río de Janeiro, São Paulo y Recife, lo que ha proporcionado beneficios directos a 20.000 niños y ha influido sobre un círculo creciente de médicos. Su objetivo es llevar Renascer a todos los hospitales públicos de Brasil. No puede haber ninguna ciudad en la que la yuxtaposición de la riqueza y la pobreza sea más cruda que en Río de Janeiro, donde los pobres de las *favelas* en las colinas (barrios urbanos de chabolas) ven a los ricos que están en la playa frente al mar en lugares como Copacabana e Ipanema. Cada día, Vera Cordeiro cambiaba su barrio arbolado hasta el Hospital da Lagoa, que da servicio a algunas de las zonas más deprimidas de Río, desde la Baixada Fluminense a la Rocinha, la mayor *favela* de América Latina. Para millones de brasileños, su hogar es un lugar insalubre. Las familias se amontonan en casas destartaladas donde los niños duermen directamente sobre el cemento húmedo o sucio. Las calles están llenas de bichos y la fetidez de las aguas residuales se percibe en cualquier callejuela.

En Lagoa, Cordeiro se enfrenta a los resultados de esta situación: niños con neumonía, tuberculosis, fiebre reumática, anemia, malformaciones congénitas y otros problemas. A menudo, los niños tenían lesiones cutáneas. Muchos padecían leptospirosis, una enfermedad provocada por bañarse o beber agua contaminada con orina de rata que provoca fiebre, ictericia, vómitos y diarrea. Cordeiro descubrió que las madres de muchos pacientes no tenían pareja, carecían de ayuda con los niños y vivían en casas desvencijadas. Les faltaban los conocimientos esenciales sobre salud, nutrición e higiene, y no tenían nada para cuidar a su hijo mientras estuviese enfermo ni para evitar las recaídas. Los niños ingresaban en el hospital, les trataban y les daban el alta... y luego eran reingresados, a veces pocas semanas después. Era un ciclo que se repetía sin remedio. «No podía volver ni un día más al hospital para visitar a niños que eran víctimas de este ciclo de hospitalización, rehospitalización y muerte. Estaba en un hospital del gobierno con el mejor equipo y los mejores doctores. Después de hacer una enorme inversión en los niños, sencillamente los dejábamos marchar. Naturalmente, en algún momento teníamos que dar el alta a los niños, pero ¿cómo podíamos darle el alta en las mismas condiciones que les habían causado la enfermedad?», se preguntó Cordeiro.

En 1991, Cordeiro escribió una propuesta para un proyecto de salud pública con el objetivo de detener el ciclo de reingresos entre los niños pobres. Lo presentó a los directores del Lagoa y enseguida le respondieron: «Vera, ésta es una labor del gobierno». Sin inmutarse, pasó los siguientes seis meses tratando de persuadir al equipo de la unidad de pediatría para que la ayudasen; logró juntar a cincuenta compañeros en el patio del edificio donde vivía, les anunció su plan y buscó obtener dinero a través de un sorteo de un juego de sábanas que Cordelia, su madre, había bordado. Los 100 dólares que obtuvo de este sorteo cubrían la cuota para incorporarse a la Associação Saúde Criança Renascer, una nueva organización que empezaría allí donde terminaba la atención hospitalaria.

Actualmente, la oficina principal de Renascer se encuentra en un parque arbolado a cinco minutos andando del Hospital da Lagoa. (Durante seis años, la oficina estuvo en unas antiguas caballerizas.) El edificio está lleno de psicólogos, de trabajadores sociales, de nutricionistas, voluntarios y madres de los niños enfermos. Hay una despensa con comida y medicamentos. En un tablón de anuncios junto a la entrada hay una lista de lo que les hace falta: abanicos, zapatos, colchones, cunas, batidoras, filtros de agua, gafas, ropa, sábanas y una larga lista de cosas esenciales.

La tarea más difícil de la oficina de Renascer tiene lugar en la habitación de las voluntarias, donde éstas entrevistan a las madres sobre sus hijos y les ayudan a hacer los «planes de tratamiento».

Perfil personal

Texto preparado por Ashoka cuando Vera Cordeiro fue seleccionada para formar parte de la Red Ashoka en 1993

Vera, madre de dos hijos, ha visto los dos lados de la vida en Brasil. Vivió en la relativa comodidad de la clase media, pero trabaja en el Hospital da Lagoa, el hospital público que atiende la Rocinha.

En su trabajo inicial en el hospital, siempre intentaba aportar alivio verdadero y completo a sus pacientes. No satisfecha con el *statu quo*, buscó terapias distintas para tratar a sus pacientes. Profundizó en medicina y creó el primer grupo de medicina psicosomática en Río de Janeiro y fundó el sector de enfermedades psicosomáticas en el hospital municipal en 1979.

Vera sabía por experiencia que se necesitaba un cambio en la manera en que los profesionales trataban las patologías y a los pacientes. Instauró un abordaje multidisciplinar para el tratamiento de los pacientes con enfermedad coronaria y los pacientes con cáncer terminal. Puso en marcha grupos de discusión con mujeres y adolescentes con las personas de larga estancia en hospitales. Incorporó terapias alternativas (como el teatro y las clases de arte) en la atención de las enfermedades crónicas. Incorporó a voluntarios externos al hospital para trabajar con los pacientes. Cuando el personal del hospital empezó a ver los resultados logrados gracias a un tratamiento psicosomático, Vera empezó a pensar cómo podría extender parte de estos cambios más allá de las paredes del centro.

En el Hospital da Lagoa, entraba en contacto diario con el mundo de la miseria al que se enfrentaban muchos pacientes. «Esta situación, durante muchos años, me creó angustia y conflictos conmigo misma», explica Vera. Necesitaba encontrar alguna manera de resolver estos conflictos.

«Trabajando como pediatra, este conflicto interno empeoró y me hizo enfrentarme con la realidad drástica de los niños enfermos, miserables y desamparados», dice. «Por contraste con el apoyo, la salud y la educación que recibían mis hijos, me di cuenta de que no podía vivir con estas realidades extremas sin actuar.»

Algunos emprendedores sociales de Ashoka España

Ashoka España fue fundada en 2003. A partir del año 2006 empezamos a identificar y seleccionar a emprendedores sociales españoles para la Red Global de Ashoka. La mayoría de ellos están aún en las primeras fases de desarrollo y expansión de sus ideas, por lo que el impacto es aún limitado, pero con un alto potencial de transformar nuestra sociedad en unos años.

Faustino García Zapico (Asturias)
Organización: Unidad Terapéutica y Educativa de Villabona

Faustino está cambiando el modelo de prisiones en España; para lograrlo, se dedica a eliminar la subcultura carcelaria que convierte a las prisiones en escuelas de delincuencia. Allí donde la ley del silencio, el enfrentamiento y la falta de confianza han sido tradicionalmente las actitudes imperantes, ahora están dejando paso a la confianza, y los valores positivos se transmiten a través de microsociedades educativas, cogestionadas por los internos y los trabajadores de la prisión; son las denominadas Unidades Terapéuticas y Educativas (UTE).

Basado en el trato humano, el modelo de Faustino recrea la sociedad a pequeña escala y, así, permite a los internos aprender a vivir como lo harían fuera de la cárcel, creando el escenario ideal para que se dé la transmisión de valores, actitudes y habilidades imprescindibles para una reinserción satisfactoria en la sociedad.

En las UTE se redefinen los roles de internos y funcionarios, desde la relación tradicional «guardia-preso» basada en el conflicto y el enfrentamiento, hasta una relación internoterapeuta. Los funcionarios de prisión adquieren responsabilidad como tutores de grupos de internos. De este modo, funcionarios e internos rompen la desconfianza que había dominado sus relaciones y aprenden a trabajar en una dinámica de equipo responsable de la gestión de un espacio de vida saludable, donde se puede dar una educación en valores y habilidades.

Los internos en las UTE también «devuelven» algo a la sociedad a través de iniciativas propias como compartir sus experiencias con estudiantes, profesores y padres en programas de visitas escolares. Animan a los jóvenes a encontrar soluciones a sus problemas que no incluyan las drogas o la violencia. Más de 18.000 jóvenes y adolescentes han participado y experimentado una transformación de la conciencia sobre sus patrones de comportamiento, reflexionando sobre las consecuencias que algunas acciones pueden llegar a tener (como el consumo de drogas, las peleas o los pequeños robos).

Las UTE han demostrado una disminución drástica de las tasas de reincidencia. En 2011, el modelo desarrollado por Faustino en la prisión de Villabona se ha implantado en otras 15 prisiones en España al haber sido asumido como Buena Práctica por la Secretaría General de Instituciones Penitenciarias del Gobierno de España.

Perfil personal

Texto preparado por Ashoka cuando Faustino Zapico fue seleccionado para formar parte de la Red Ashoka en 2007

Faustino creció en una familia profundamente comprometida con la situación de los más necesitados. Desde joven comenzó a mostrar su frustración con las injusticias que sufrían ciertos sectores de la sociedad y a moverse para cambiar las cosas.

Primero fundó una asociación para ayudar a jóvenes excluidos en Avilés, su ciudad natal; poco después, comenzó a involucrarse en movimientos de influencia cristiana hasta llegar al punto de matricularse en Derecho para aprender las claves que pudieran cambiar las estructuras que provocaban la exclusión de algunas personas.

En los últimos años de la dictadura, Faustino descubrió los movimientos políticos clandestinos que sentarían las bases de la futura democracia en España. Sintiendo que aquél era el espacio adecuado para conseguir los cambios necesarios, se volcó en la participación política y sindical, dejando sus estudios universitarios para trabajar en la construcción y, así, defender el movimiento obrero desde la base.

Al llegar la Transición, Faustino ocupaba un puesto de alta responsabilidad en el Partido Socialista, pero al poco tiempo, tras llegar a la conclusión de que la política no era el lugar idóneo para luchar contra las injusticias sociales, lo abandonó. En este período aprendió que sólo movilizando a las personas realmente afectadas por un problema y trabajando desde la base se conseguía transformar los sistemas.

Este aprendizaje y su motivación personal por ayudar a los sectores de población más excluidos fueron el motivo por el que empezó a trabajar en prisiones, ante la sorpresa de sus amigos, familiares y ex compañeros de la vida política. En un país que poco a poco iba adaptándose a la vida en democracia, el sistema penitenciario se mantenía al margen de estos avances políticos y sociales.

Pasó los primeros años en La Modelo de Barcelona, una de las cárceles más conflictivas de España, en aquel tiempo; desde el primer momento, empezó a denunciar la violencia de la que era testigo. A pesar de las amenazas constantes y del acoso por parte de muchos compañeros de trabajo y de sus superiores, mantuvo firme su lucha por los derechos humanos de los internos y comenzó a trabajar para provocar un cambio del sistema en su totalidad. Faustino describe sus primeros años en La Modelo como una de las etapas más difíciles de su vida, pero también como el período en el que aprendió lo que debía y lo que no debía hacerse. A través de diversas experiencias descubrió cómo el trato humano y el respeto eran las claves esenciales para crear una dinámica positiva en el interior de la prisión.

En 1989, Faustino regresó a la prisión de Asturias para trabajar como educador. Allí fue donde formó un equipo con Begoña Longoria –trabajadora social y pieza clave del proyecto de Villabona– y unos cuantos internos dispuestos a probar. En 1992, inició un proyecto educativo en el que ponía en práctica los principios que había aprendido durante los años previos. Sin un modelo como base, el experimento tenía la libertad de poder desarrollarse paso a paso según las necesidades y retos que se fueran encontrando. En 1994, ya con un grupo de 60 internos, el equipo de Faustino pidió mudarse a un módulo vacío de la recién construida cárcel de Villabona; allí nació la primera UTE.

Actualmente, más de la mitad de la prisión de Villabona es «espacio liberado» y Faustino dedica gran parte de su tiempo a mostrar su modelo a otros funcionarios de prisiones de España y Europa, compartiendo con ellos los principios metodológicos que configuran la UTE y dando la formación necesaria a los funcionarios para que puedan implantar el modelo UTE en las prisiones donde trabajan.

Isabel Guirao (España)
Organización: A Toda Vela

Isabel está cambiando el paradigma existente del trabajo con personas con discapacidad intelectual; para lograrlo, introduce el ocio como elemento fundamental para su integración en la sociedad.

Mientras el modelo tradicional se centra en el cuidado y tratamiento aislado de las personas con discapacidad intelectual, Isabel está promoviendo maneras y modos de integrarlas a las comunidades en las que viven.

Isabel y su organización A Toda Vela están impulsando un modelo de ocio digno, inclusivo y solidario basado en el afecto y el respeto a la persona, a sus preferencias e intereses, un modelo de servicio que ofrece apoyos personalizados –a medida– y, por supuesto, que impulsa oportunidades en la comunidad, transformando así la manera de relacionarse de la sociedad con las personas con discapacidad intelectual. Este modelo está mejorando sustancialmente la calidad de vida de las personas con discapacidad y la de sus familias.

Un muestreo realizado por la organización de Isabel al iniciar su andadura mostraba un panorama desolador:

- el 92 % de los jóvenes con discapacidad intelectual decía no tener amigos con los que compartir el tiempo libre (la mayoría no había celebrado su cumpleaños con personas diferentes a sus familiares);
- el 98 % no poseía autonomía para ocupar y desplazarse por otros espacios comunitarios que no fueran su propio hogar y los centros asistenciales de los que participaban;
- el 85 % no había dormido nunca fuera de su hogar;
- el 40 % no había ido nunca al cine;
- el 20 % no usaba el teléfono, y
- un 25 % estaba inmerso en procesos de aislamiento patológico, depresiones, fobias sociales, etc.

La sociedad actual ha experimentado un aumento de su tiempo y calidad de ocio; éste es uno de los elementos más valorados en la vida por parte de la juventud. El ocio va aparejado a la calidad de vida y al bienestar; sin embargo, a pesar de ser un derecho reconocido, no todas las personas pueden ejercerlo de la misma forma.

Para las personas con discapacidad intelectual, el ocio no se identifica ni tan siquiera como una necesidad por parte de muchas organizaciones del sector, las administraciones públicas o sus propias familias.

La experiencia de trabajo de Isabel ha demostrado que el ocio es el espacio que mejor permite que las personas con discapacidad interactúen y compartan experiencias con el resto de la sociedad. A través del roce personal, de la vivencia y la experiencia, está logrando que la discapacidad no sea motivo de discriminación, sino de enriquecimiento comunitario.

Por todo ello, Isabel ha desarrollado un programa de ocio atractivo y accesible, que incluye a los propios beneficiarios de las actividades en la planificación, gestión y evaluación de los programas. Se llama A Toda Vela.

Como parte fundamental del modelo, A Toda Vela ha creado una red ciudadana de voluntarios y profesionales que comparten su ocio con jóvenes con discapacidad intelectual; participan en actividades artísticas, deportivas, turísticas y recreativas tan significativas como celebrar un cumpleaños con amigos, asistir a un estreno de cine, salir de tapas o pasar un fin de semana fuera de casa, así como tener una agenda en el móvil llena de personas con las que comunicarse.

La implicación de la comunidad es un componente crucial para promover una sociedad más inclusiva, que apueste por entornos accesibles que faciliten la interpretación y la comprensión, y ofrezca los apoyos necesarios para que las personas con discapacidad intelectual tengan acceso a una oferta de ocio cada vez más adaptada a sus intereses individuales; también para que consigan alcanzar la vida autónoma e independiente que desean.

En España, las personas con discapacidad intelectual son, hoy en día, un colectivo mudo e invisible. Mudo porque tradicionalmente no han tenido oportunidad de opinar por sí mismos; generalmente han sido sus familias las que han hablado y decidido por ellos. E invisibles porque no participan en la comunidad en la que viven, en los espacios dedicados a la ciudadanía.

Haciéndoles parte visible y activa de sus comunidades, Isabel está promoviendo su participación como ciudadanos plenos para que puedan ejercer sus derechos de autodeterminación y representación.

Esta transformación promovida por Isabel y A Toda Vela está originando nuevos roles de las personas con discapacidad en su entorno familiar y social, logrando que se reconozcan sus potencialidades (en lugar de centrarse únicamente en sus limitaciones) y acabando con el papel de meros receptores de servicios y caridad.

El modelo de ocio inclusivo propuesto por A Toda Vela ha sido legitimado e impulsado por la Confederación Española de Organizaciones en favor de las Personas con Discapacidad Intelectual (FEAPS) y sus familias. Actualmente está constituida por 97.000 personas con discapacidad, 20.000 profesionales y 800 organizaciones asociadas.

En 2011, ya es un hecho. FEAPS, junto con la consultoría de Isabel, han definido el modelo de Servicio de Ocio Inclusivo, han implicado a más de 350 profesionales, ha apoyado directamente a cinco entidades para la puesta en marcha del modelo y han mejorado otros tantos servicios ya existentes en el país. Además, están a punto de editar un Cuaderno de Buena Práctica sobre el modelo.

A Toda Vela ha sido mencionado por la Fundación Esplai como modelo de Ciudadanía e Inclusión Social y fue reconocido en 2010 con la Medalla de Oro de la Junta de Andalucía y el Premio Infanta Cristina.

Perfil personal

Texto preparado por Ashoka cuando Isabel Guirao fue seleccionada para formar parte de la Red Ashoka en 2006

Mientras estudiaba Psicología en Granada, Isabel hizo sus primeras prácticas profesionales en un colegio para niñas con discapacidad intelectual. Esta experiencia fue vital porque enseguida supo que quería desarrollar su carrera profesional en el ámbito de la discapacidad intelectual, al tiempo que le permitió darse cuenta de lo que «no quería hacer» en su labor como profesional del sector.

Desde el principio, Isabel buscó sus propios métodos de trabajo, que le permitieron tener una aproximación al mundo de la discapacidad muy distinta de cómo se trabajaba normalmente.

«Disfrutaba del contacto directo con las personas con discapacidad y evitaba hacerles test para averiguar su coeficiente intelectual metida en un despacho», explica. Esto no siempre fue bien entendido por las personas e instituciones de su entorno profesional. Isabel no compartía la idea de tener a estas personas encerradas, sentadas, sin hacer nada y siendo continuamente evaluadas por sus carencias y no por sus capacidades.

Cuando terminó sus estudios, Isabel trabajó algunos años como orientadora escolar en varios colegios de integración de Almería; durante este período tuvo relación con niños y jóvenes con discapacidad intelectual, con sus profesores y con sus familias.

Isabel pasaba mucho tiempo en el aula, ayudaba a los profesores a organizar actividades para los alumnos dentro y fuera del centro, y visitaba a sus familias. Su experiencia diaria le permitió conocer la realidad de estas personas y darse cuenta de que cuando el apoyo institucional se terminaba (las clases, las visitas, etc.), no había nada más para ellos. El tiempo libre no significaba –como para el resto de niños y niñas– ocio y diversión, sino que representaba soledad, aburrimiento y exclusión. No tenían experiencias divertidas que compartir con el resto de sus compañeros cuando volvían de vacaciones o de fin de semana. No tenían sueños ni ilusiones.

Por este motivo, decidió impulsar la creación de la asociación A Toda Vela junto a otras cuatro mujeres (profesionales y madres de niños con discapacidad intelectual), para devolver la ilusión a estos jóvenes, dándoles acceso a un ocio verdadero con el que disfrutar. Buscaron la formación y orientación adecuada, así como el apoyo de jóvenes voluntarios (que les ayudaban a imaginar y desarrollar un ocio apetecible) y comenzaron a trabajar.

Consciente de que el roce con personas con discapacidad ha enriquecido su vida y la de su familia, una de las motivaciones de Isabel es que el resto de la sociedad viva y disfrute esta experiencia igual que ella lo ha hecho. Los que la conocen y trabajan con ella dicen que tiene la capacidad de soñar aunque, eso sí, desde el sentido común, que le hace dar los pasos necesarios en cada momento.

Isabel consigue convencer a cualquier audiencia y sabe que el papel que tiene que jugar ahora para difundir y replicar su labor es muy importante. Sin embargo, no deja de participar directamente en las actividades de la asociación, ya que es consciente de que son el contacto y las experiencias las que legitiman su trabajo; por ello, no quiere perder el vínculo de unión con la realidad por la que trabaja y que defiende.

José Manuel Pérez, «Pericles» (Asturias)
Organización: Valnalón Educa

Pericles está impulsando el espíritu emprendedor en la sociedad promoviendo un cambio de mentalidad y actitud en las personas. Su esfuerzo y su trabajo se centran en la creación de una nueva cultura emprendedora entre los jóvenes, algo clave no sólo para la creación de nuevas oportunidades de trabajo en la economía globalizada, sino también como manera de dar solución a la cantidad de retos sociales a los que se enfrenta la sociedad actual.

Basándose en su experiencia como jugador y entrenador de balonmano, Pericles sabía que para dar con una estrella deportiva hay que invertir en formar la «cantera» adecuada. Así, entendió que para promover una actitud y un espíritu emprendedor en la sociedad, es poco efectivo intervenir en los últimos años de formación, cuando los estudiantes ya han decidido lo que quieren ser o hacer con su carrera profesional y, generalmente, han adquirido una conciencia poco emprendedora.

Para formar esta cantera, Pericles ha creado un itinerario de materias que desarrolla las habilidades necesarias para emprender, y lo hace desde la perspectiva de aprender haciendo. Los alumnos crean sus propias empresas y lideran todo el proceso: la elaboración del plan de negocio, la solicitud del crédito y la puesta en marcha.

Su sistema de formación abarca desde los cursos de primaria y sigue hasta su entrada en el mercado laboral. Para llegar al mayor número de jóvenes posible, Pericles ha integrado su modelo de «Cadena de Formación de Emprendedores» en el currículo educativo del sistema formal en Asturias y otras 11 comunidades autónomas.

Actualmente, cada año Valnalón llega a 17.500 alumnos y alumnas en Asturias y a unos 18.500 fuera de Asturias. Desde el inicio, ha trabajado con 172.000 alumnos en la región y 100.000 fuera, y ha contado con más de 2.500 profesores. La iniciativa ha sido reconocida por la Unión Europea como buena práctica, lo que ha favorecido su expansión.

Además de nueve programas de formación (dirigidos a las distintas etapas educativas), Valnalón cuenta con un vivero/incubadora de empresas y también con espacios e infraestructuras, como naves y oficinas que alquilan a bajo precio a emprendedores.

Toda la metodología desarrollada crea un ambiente educativo que promueve y forma el espíritu emprendedor a lo largo del proceso. Además de los conocimientos técnicos necesarios para poner en marcha una empresa o negocio, los estudiantes desarrollan la confianza en sí mismos para explorar nuevas ideas y tomar riesgos en cualquier ámbito de la vida.

Perfil personal

Texto preparado por Ashoka cuando Pericles fue seleccionado para formar parte de la Red Ashoka en 2007

Ya desde niño, Pericles recuerda haber asumido una serie de responsabilidades que la mayoría de niños y niñas no tienen que asumir en la actualidad. Él ve una conexión directa entre estas responsabilidades asumidas a una temprana edad y su personalidad emprendedora cuando son adultos. Pericles cree que tanto la sobreprotección familiar como el sistema educativo actual están generando una sociedad más pasiva y apática.

A lo largo de su vida, Pericles ha intentado con mayor o menor éxito lanzar proyectos de negocio; probablemente por ello otorga un gran valor a la experiencia de intentar y fracasar, porque cada emprendimiento es una experiencia de aprendizaje distinta, y no es algo que se pueda enseñar.

Cuando tenía 15 años, empezó a jugar a balonmano y pronto se convirtió en un jugador profesional; más tarde pasó a ser entrenador y, a los 21, fue elegido presidente de su club; compatibilizó las labores de entrenador y presidente y, en aquel tiempo, comenzó lo que él llama su «doble vida». Durante la mitad del día trabajaba como ingeniero en una gran empresa y en su tiempo libre dirigía el club deportivo. Fue durante este período cuando comenzó su compromiso con los jóvenes, ya que la convivencia del día a día le hizo entender los problemas que les afectaban (en aquellos momentos, especialmente unas cifras muy elevadas de paro juvenil).

En 1984, junto con su socio y algunos otros colaboradores y amigos, Pericles puso en marcha una asociación de desempleados para los jóvenes de su club deportivo con el objetivo de ayudarles a encontrar un trabajo o a lanzar sus propias empresas. En España, eran momentos difíciles en términos económicos; la tasa de desempleo rondaba el 24 %. La asociación fue una especie de «ensayo» de una incubadora empresarial que más tarde Pericles mejoró y amplió, aprendiendo de otros modelos de éxito en otras regiones y países.

Esta idea fue creciendo hasta dar a luz a la incubadora de empresas de Valnalón, desde donde Pericles lanzó los programas de Valnalón Educa para crear la cantera de emprendedores del futuro. En la actualidad, Pericles se está centrando en la expansión internacional del modelo.

Andrés Martínez (Madrid)
Organización: Fundación EHAS
(Enlace Hispanoamericano de Salud)

Andrés está adaptando las tecnologías de telecomunicación para mejorar la eficiencia de los sistemas de salud pública en las zonas rurales más remotas de países en desarrollo. Para ello, ha empleado redes inalámbricas de larga distancia que permiten una comunicación continua y directa entre personal auxiliar y médicos profesionales, mejorando así la calidad de la atención a los pacientes al tiempo que reduce los costes.

En muchos países los sistemas de salud pública no llegan a la mayor parte de la población rural. Esto se debe en gran parte a la falta de sistemas de comunicación adecuados, que deja a pacientes y personal auxiliar en áreas remotas y aislados de médicos especialistas y de centros de salud de referencia.

Andrés ha hecho posible la reducción del coste de las infraestructuras de comunicación (frente a tecnologías con elevado coste de operación y bajo ancho de banda) y ha creado redes inalámbricas de larga distancia para la comunicación entre los puestos y centros de salud, mejorando drásticamente la eficiencia de la atención.

Para la implantación de estos sistemas, Andrés ha seguido diferentes estrategias para que las comunidades locales dirijan la puesta en marcha de estas redes y la formación de los usuarios. Por un lado, está coordinando todas las disciplinas implicadas, «desde la medicina hasta la ingeniería de telecomunicaciones», con el fin de abrir nuevas vías de investigación para la adaptación de tecnologías a los contextos locales. Por otro lado, se dirige a técnicos de salud y médicos, para que tengan acceso a mejores recursos de consulta y formación. Por último, su estrategia se basa en construir pilotos viables para que las administraciones locales vean en estas redes una gran oportunidad de desarrollo de otras aplicaciones para la educación, el comercio, la comunicación personal, etc.

Este modelo de intervención en salud basado en redes de comunicación ya se ha extendido a más de 170 centros y puestos de salud en Perú, Ecuador, Colombia y Cuba, mejorando la atención médica de más de 150.000 personas. La efectividad demostrada es tal, que son los propios ministerios y gobiernos los que están invirtiendo en la implantación de estos sistemas. Ahora, Andrés está trabajando para consolidarlos en el resto de América Latina para poder expandir su modelo a Asia y África.

Perfil personal

Texto preparado por Ashoka cuando Andrés Martínez fue seleccionado para formar parte de la Red Ashoka en 2008

Andrés se crió en un pequeño pueblo en el norte de España. Se fue a Madrid para estudiar Ingeniería de Telecomunicaciones, donde se vio envuelto en un nuevo entorno, desconocido para él, con conciencia social, y que era el resultado de los cambios políticos vividos en España en los últimos años. Ante el reto de elevar una nueva definición de ciudadanía que participase en una mejora de la sociedad, Andrés redirigió su carrera a las telecomunicaciones aplicadas a la medicina. Cuando terminó sus estudios universitarios, decidió viajar a Perú para trabajar con una organización no gubernamental para poner en práctica la unidad social que había desarrollado durante sus años de universidad, realizando así su servicio social sustitutorio.

Como voluntario de la paz en Perú, trabajó en la creación y mantenimiento de estaciones de radio ciudadana en las zonas rurales y durante su tiempo libre colaboró como voluntario en una organización de derechos humanos. Su trabajo le obligaba a viajar por la selva, donde se dedicó a conocer a personas que viven en aldeas remotas; fue así como descubrió los problemas a los que se enfrentan a diario estas personas. Gracias a sus estudios en ingeniería de telecomunicaciones aplicadas a la medicina, se interesó cada vez más en conocer a los médicos y paramédicos que trabajaban en las zonas rurales. Entonces empezó a enfrentarse a algunos de los problemas clave de las comunicaciones en el sistema de salud pública que provocaban sensación de aislamiento para los médicos y afectaban a la eficiencia del servicio para los ciudadanos.

Al regresar de su primer viaje a Perú, Andrés comenzó a explorar formas para aplicar las ideas que estaba desarrollando sobre la transformación de los sistemas de salud pública en las zonas rurales. En un primer momento, convencido de que el camino a seguir era formar parte de una organización ciudadana internacional, empezó a compartir su idea con diferentes entidades que trabajan en los países en desarrollo. En el proceso, le ofrecieron puestos de trabajo muy atractivos en los que podría trabajar codo con codo con algunos de los mejores expertos en ese campo y contribuir a proyectos de éxito en áreas relacionadas. Rechazó estos puestos de trabajo convencido de que tenía que centrarse en el desarrollo y la implementación de su idea; en lugar de eso, comenzó un trabajo a tiempo parcial en la universidad.

Desde esta plataforma ha podido llevar a cabo innovaciones tecnológicas que se aplican a las necesidades rurales de los países en desarrollo. Durante el proceso descubrió el enorme potencial que tienen las universidades para la creación de un cambio y comenzó a contratar a expertos para que trabajaran con él en las zonas rurales. Sin ningún tipo de financiación, comenzó a desarrollar su modelo a nivel local a través de la organización Ingenieros Sin Fronteras (ISF), junto con la Universidad Politécnica de Madrid; también empezó a establecer alianzas con universidades de Perú y de Nicaragua para poner en marcha pruebas piloto en las zonas rurales. El éxito de estos proyectos iniciales le ayudó a convencer a compañeros y financiadores para que le apoyaran en la creación de una organización propia con un enfoque y un alcance global.

En colaboración con la organización Ingenieros Sin Fronteras y diferentes universidades peruanas (PUCP y UPCH) y colombianas (Unicauca), llevó a cabo los primeros proyectos piloto y fundó EHAS (Enlace Hispanoamericano de Salud) para replicar y expandir estas tecnologías a otras geografías. Actualmente, Andrés dirige la Fundación EHAS y es también profesor de la Escuela de Ingeniería de Telecomunicación de la Universidad Rey Juan Carlos.

En los últimos 8 años ha extendido su proyecto a tres países diferentes y, en la actualidad, trabaja para ponerlo en marcha en dos nuevos territorios.

Vicki Bernadet (Cataluña)
Organización: Fundación Vicki Bernadet

Cuando se habla de abuso sexual, el silencio acostumbra a ser la respuesta de los que lo han sufrido y no saben qué hacer con todo aquello. A menudo este silencio, mezcla de miedo y de vergüenza, acompaña a la víctima a lo largo de su experiencia vital, siendo testigo de mil y un conflictos y fracasos en el terreno afectivo. En algunos casos, por azares del destino, se produce alguna circunstancia que favorece la «revelación», es decir, la verbalización de aquel secreto hasta entonces inconfesable.

Éste fue el caso de Vicki Bernadet cuando, treinta años después, fue capaz de abrirse a su sobrina que, al leer unos poemas que había escrito, la interpeló sobre el significado oculto entre los versos. Casi como si de un exorcismo se tratara, un montón de demonios internos fueron lentamente perdiendo su virulencia a través del milagro de la comunicación. No era el dolor lo que se podía compartir, pero sí la soledad y la memoria de un tiempo injusto y complicado. Aquella confesión –revelación, en lenguaje técnico– alargó puentes emocionales que permitieron entender la raíz de la problemática que había rodeado sus relaciones ya desde la adolescencia. Un matrimonio lleno de desequilibrios había sido una consecuencia lógica, así como la ruptura misma al cabo de unos años de sumisión y de infelicidad. Desde la familia, una cierta connotación de «oveja negra» y la total carencia de empatía hacia los tropiezos que la habían dejado frustrada por dentro, casi habían arreciado absurdas culpabilidades autoasumidas.

Para Vicki, el hecho de haber sido capaz de destapar una trágica experiencia que tuvo lugar en su infancia y adolescencia, de traducir en palabras unos contenidos emocionales difíciles de verbalizar y de tener la certeza de que ya nunca más estaría sola ante la incomprensión, le proporcionó una fuerza interior para ir más allá. Quizás habría que vincularlo a la inquietud social que siempre había llevado dentro y quizás, también, a su talante emprendedor; lo cierto es que todavía no habían transcurrido dos años desde la revelación inicial y ya se empezaba a gestar un proyecto particularmente especial. Todavía quedaba por definir la forma que tomaría, pero el objetivo ya estaba muy claro: la lucha contra el abuso sexual a menores.

«Como yo misma, debe haber muchas personas que no saben dónde acudir», había comentado Vicki; «es de vital importancia que exista algún colectivo que de alguna manera pueda velar todo esto. [...] Yo he tenido la oportunidad de ser escuchada, pero seguro que hay gente que no tiene a nadie... Si hacemos algo en este sentido, quizás favoreceremos que muchas personas reúnan el coraje para pedir ayuda.»

Antes de llevar a cabo este gran paso, Vicki desarrolló tareas de voluntaria en otros servicios de ayuda a colectivos desfavorecidos. Fue la presidenta de la Coordinadora Catalana Antidroga y en aquel período vivió las dificultades, las responsabilidades y el trabajo diario de una asociación.

A pesar del cansancio y los dolores que provoca una enfermedad crónica, su espíritu de lucha, su inconformismo y su determinación la llevaron a crear en 1997 la asociación FADA (ahora Fundación Vickiy Bernadet) para que otras víctimas no tuvieran que vivir el mismo rechazo, incomprensión y soledad.

Los datos de prevalencia del abuso sexual infantil son alarmantes. Los estudios realizados en España, otros países de la Unión Europea, EE. UU. y Canadá estiman que un 23-25 % de las niñas y un 10-15 % de los niños sufren abusos sexuales antes de los 17 años. Los abusos son cometidos generalmente por un familiar o alguien del entorno de confianza del niño/a (datos del doctor Fèlix López, 1994).

Los datos recogidos por la Fundación también son bastante significativos: las situaciones atendidas muestran que el 82 % de los abusos se dan en el seno de la familia. El último estudio de Pereda y Forns (2007) muestra unas tasas de prevalencia del abuso sexual entre la población universitaria muy similares: el 15,5 % en el caso de los varones y el 19 % en el caso de las mujeres encuestadas. Por lo tanto, los datos dejan clara la gravedad del problema: casi 2 de cada 10 niños o niñas son víctimas de abuso sexual en España.

En este sentido, la Fundación Vicki Bernadet ha detectado un aumento del 31 % en la cifra de menores atendidos el último año. Estos datos son el resultado de una intensa actividad de difusión que influye en un aumento de la detección y el tratamiento del abuso sexual infantil. Gracias a la oferta docente, como las Jornadas Formativas anuales de la Fundación, cada vez más los profesionales que trabajan con niños y adolescentes saben cómo actuar en caso de encontrarse con este tipo de problemática; son ellos quienes dan la voz de alarma.

La existencia contrastada de graves secuelas en niños y niñas, así como la interferencia del abuso sexual en el correcto proceso evolutivo del menor, ha sido una de las razones más importantes del auge en la investigación de esta problemática, así como de la mayor sensibilidad social hacia el tema. Además, hay que añadir que estos efectos pueden continuar teniendo un impacto en la edad adulta, configurando los llamados «efectos a largo plazo del abuso sexual». La mayoría de estudios hablan de consecuencias que afectan a todas las áreas de la vida de la víctima y que impiden hablar de un síndrome del abuso sexual, que permita su correcta identificación y detección. Sin embargo, los diversos autores han constatado la alta frecuencia en estas víctimas de una serie de problemas que, si bien también pueden producirse por otras razones, parecen detectarse en la mayoría de víctimas de abuso sexual.

En general se comparten creencias erróneas (mitos sobre la infancia), que facilitan el no reconocimiento de este tipo de situaciones y tienden a esconder el problema, incluida la culpabilidad de la víctima. Muchos casos no se denuncian a pesar de la obligación social y legal de hacerlo.

Vicki no trabaja exclusivamente desde una vertiente paliativa, sino que uno de los ejes centrales del trabajo de la entidad que preside es la sensibilización social y la formación. Su preocupación siempre han sido los colectivos más conflictivos y en situación de mayor riesgo. Son colectivos escondidos detrás de sus problemáticas y considerados «irrecuperables», pero a los que Vicki ha querido dar una atención especial por ser una prioridad en la prevención de posibles casos de abuso: prisiones de mujeres, grupos de abusadores, adolescentes en riesgo de exclusión; en todos ellos, Vicki ofrece talleres en primera persona para concienciar y cambiar unas pautas de comportamiento mal aprendidas. Cambiando primero ellos mismos, pueden cambiar las vidas de los menores que se encuentran a su cargo.

Aun así, Vicki ha sido la primera víctima de abusos sexuales en dar la cara en los medios de comunicación, rompiendo con la estigmatización de aquellos que han sufrido abusos sexuales en su infancia. A raíz de este pequeño gran gesto, aproximadamente un 70 % de las demandas de la Fundación proviene de la identificación y liberación que muchas víctimas sienten al ver a alguien que, como ellos, no se avergüenza y piensa en pedir ayuda, iniciar su recuperación y apoderarse de nuevo de su vida. Mediante una estrategia eficaz de comunicación y sensibilización, la Fundación ha conseguido que se hable de los abusos sexuales a menores en los medios de comunicación con voluntad pedagógica, que se discuta el tema en las escuelas y que se tenga en cuenta a las instituciones relacionadas con la infancia.

Perfil personal
Texto preparado por Ashoka cuando Vicki Bernadet fue seleccionada para formar parte de la Red Ashoka en 2006

Vicki fue víctima de abusos sexuales de los 9 a los 17 años por parte de una persona de su entorno familiar. Cuando –después de muchos años y muchas experiencias negativas vividas a causa de la pérdida de autoestima que supuso esta etapa infantil– decidió contar lo que le había sucedido, se enfrentó a dos realidades muy duras: la primera fue la frustración ante la respuesta del entorno; el miedo a la pregunta de «¿quién fue?» y «¿para qué lo quería contar?». La segunda fue que no tenía dónde acudir para recibir ayuda, no existía ninguna institución o asociación donde atendiesen a las víctimas adultas de este tipo de abusos y donde no le hiciesen continuamente preguntas incómodas que le obligaran a revivir el pasado de manera innecesaria.

Su fuerza, el intuir que su familia no era peor que otras ni ella la persona más débil por no haberlo podido superar en tantos años, su inconformismo a seguir padeciendo por lo que le hicieron, y su determinación para que otras víctimas no tuviesen que pasar por el mismo rechazo, incomprensión y soledad, le animaron a crear FADA (que en catalán significa «Hada Madrina») en 1997. Con anterioridad, Vicki había desarrollado tareas como voluntaria en servicios de ayuda a colectivos desfavorecidos («las terapias me mostraron, después, que ese trabajo lo hacía como pago a mi sentimiento de culpabilidad, lo hacía más por ayudarme a mí que a los demás»). Pero la lógica de FADA era distinta: entonces ya sabía que quería ayudar a los demás.

Durante un tiempo, FADA (ahora Fundación Vicki Bernadet) sobrevivió gracias al tiempo libre y a los ahorros de Vicki, pero ella continuó llamando a distintas puertas para buscar fondos y, a finales de 1999, cuando estaba a punto de cerrar el centro y trabajar desde casa, apareció un financiador dispuesto a ayudarles. Diez años después, la organización se ha convertido en un referente en su campo de acción en toda España.

Aun sabiendo que el abuso sexual a menores no va a desaparecer ya que éste, como otros tipos de violencia, es algo intrínseco a la sociedad, Vicki se marca el objetivo de ayudar a más gente a salir de su tormento. Sabe que la Fundación Vicki Bernadet tendrá que existir siempre porque la sensibilización social es algo que nunca podrá dejarse de lado. «No podemos bajar la guardia» dice, pero sueña con que las cifras de abusos se reduzcan en el futuro.

Vicki muestra el convencimiento y la determinación que da el hecho de haber vivido en carne propia el problema, así como los resultados obtenidos en su propia vida al llevar a cabo la solución por la que está trabajando.

Referencias

Este texto procede fundamentalmente de numerosos textos escritos por Bill Drayton y alguno de sus estrechos colaboradores en Ashoka. Los fragmentos que aparecen en forma de diálogo, son comentarios realizados directamente por Bill. El capítulo «Reflexiones de Bill» son citas textuales escritas o expresadas por Bill Drayton; pretenden reflejar su manera de pensar, su estilo –a veces metafórico– y su visión del mundo y de Ashoka.

A continuación se enumeran las fuentes bibliográficas y documentos más importantes. Es posible encontrar información adicional en: http://www.ashoka.es

1. Ashoka. Ensuring children succeed in the coming Everyone a Changemaker™ World.
2. Ashoka. Building as World of Changemakers. 2010 Ashoka facts.
3. Ashoka. Bill Drayton, C.E.O. and Founder. http://www.ashoka.org/team/drayton
4. Ashoka. Nominator's bible.

5. Ashoka. Building a World of Changemakers. 2010.
6. Bornstein, David, *Cómo cambiar el mundo. Los emprendedores sociales y el poder de las nuevas ideas,* Ed. Debate, Barcelona, 2005.
7. Cusano, Chris, *Why New Ideas Matter?* Ashoka.
8. Drayton, Bill, «The Citizen Sector: Becoming as Entrepreneurial and Competitive as Business». *California Management Review*, vol. 44, 2002.
9. Drayton, Bill, *Needed: a new social financial services industry.* Alliance, vol 9, 2004.
10. Drayton, Bill, *Where the real power lies*, Alliance, vol, 10, 2005.
11. Drayton, Bill, *Everyone A Changemaker - Social Entrepreneurship's Ultimate Goal. Innovations*, invierno de 2006, MIT Press.
12. Drayton, Bill, conferencia «Working Convergences: Liberal Education, Creativity, and the Entrepreneurial Spirit» pronunciada en la reunión anual 2005 de la Association of American Colleges and Universities, publicado en: AAC&U 2006.
13. Drayton, Bill, *Preface: Building an Everyone a Changemaker™ World.* Selections from Leading Social Entrepreneurs, 2006.
14. Drayton, Bill; Budinich, Valeria, «A new Alliance for Global Change». *Harvard Business Review*, 2010.
15. Drayton, Bill, *The world needs more Social entrepreneurs,* Harvard Business Review Blogs, 30 de marzo de 2010.
16. Drayton, Bill, *Tipping the world: The power of collabora-*

tive entrepreneurship, McKinsey & Company, 8 de abril de 2010.

17. Drayton, Bill, *Collaborative Entrepreneurship. How Social Entrepreneurs can tip the World by working in Global Teams. Innovations*, primavera de 2011, MIT Press.
18. Drayton, Bill, *Hire people, retire things*, McKinsey & Company, 19 de julio de 2011.
19. Drayton, Bill, *Memorandum*. Answers to an Interview for XL Semanal. 2011.
20. Drayton, Bill, Foreword. You *Can* Change the World, 2011.
21. Drayton, Bill, Memorandum. Collaborative Entrepreneurship. 8 de junio de 2011.
22. Drayton, Bill, *What is Social Entrepreneurship?*, Ashoka. (sin fecha).
23. Grumbar, John J.; Yew, Elaine, «Social entrepreneurs don't want to help. They want to change the world. Bill Drayton on the fundamentals of social change in our time». Entrevista para The Focus, noviembre de 2008.
24. Hsu, Caroline, *Entrepreneur for Social Change*. Entrevista a Bill Drayton, *U.S. News*, 31 de octubre de 2005. http://www.usnews.com/usnews/news/articles/051031/31drayton_3.htm
25. Matassoni, Bill, *A new Alliance for Global Change*. Ashoka's Harvard Business Review article on Hybrid Value Chain, 2010 edition.

Su opinión es importante.
En futuras ediciones, estaremos encantados
de recoger sus comentarios sobre este libro.

Por favor, háganoslos llegar a través de nuestra web:

www.plataformaeditorial.com